東北アジア学術読本　8

古文書がつなぐ人と地域

――これからの歴史資料保全活動――

荒武賢一朗
高橋　陽一

東北大学出版会

Komonjo ga tsunagu hito to chiiki :
Korekara no rekishishiryohozenkatsudou
[People and areas connected by ancient documents :
Future of history data preservation activities]
Tohoku University Center for Northeast Asian Studies
ARATAKE Kenichiro , TAKAHASHI Yohichi
Tohoku University Press, Sendai
ISBN978-4-86163-333-1

まえがき

高橋　陽一

本書は、二〇一七年二月一一日と一二日に開催された東北アジア研究センターシンポジウム「歴史資料学と地域史研究」におけるセッション「これからの歴史資料保全活動」の成果を中心に、古文書をめぐる活動が生み出す人と地域社会の多様な関係を明らかにし、その将来を展望することを目的としています。

古文書の保全活動が組織的に展開されるようになったのは、一九九五年に発生した阪神・淡路大震災に際し、関西に拠点を置く歴史学会が中心となって「歴史資料ネットワーク」が結成されて以降のことです。宮城県内ではNPO法人宮城歴史資料保全ネットワーク（以下「宮城資料ネット」）が二〇一一年の東日本大震災発生以前から活動を展開してきました。こうした団体による組織的取り組みにより、消滅の危機に瀕していた数え切れないほどの古文書が救済されました。この活動を土台としつつ、歴史資料保全をより発展的に持続させていくにはどうすればよいか。今なお日本列島各地で災害が頻発し、所蔵者の世代交代や若者の歴史離れが進行するさなか、大学・自治体・地域それぞれの立場からこの点について検討する素材を提供したいというのが本書のねらいです。

シンポジウム「歴史資料学と地域史研究」を企画・運営したのは東北大学東北アジア研究セン

ター上廣歴史資料学研究部門（以下「部門」）です。部門は公益財団法人上廣倫理財団のご支援により、二〇一二年四月に設置されました。東日本大震災発生の翌年に設置されたこともあり、古文書をはじめとする歴史資料の保全活動と、その成果や歴史研究のノウハウを広く一般に還元する地域連携事業を推進してきました。この部門では、「地域と歩む歴史学」を活動テーマに掲げ、宮城資料ネットや関係する諸団体との連携によって歴史資料保全活動を進めています。具体的には、宮城資料ネットが震災前後にレスキューした古文書の撮影と目録作成を部門が担当しており、その数は五年間（二〇一二～一六年）で計四九件、目録の総数はおよそ四万二〇〇〇点です。また、個人宅に眠る古文書の調査も継続的に進めています。

地域連携事業は、講演会やシンポジウムといった歴史資料に関するイベントが中心です。部門が主催・共催・後援となって実施した講演会やシンポジウムは五年間で計二八件、参加者の総数はのべ約三三〇〇名になります。さらに、部門がもう一つ重点を置いている活動が古文書講座です。部門教員が講師を務めた古文書講座は計二二件になり、回数でいえば年間約一〇〇回の古文書講座をおこなっています。年間一〇〇回ということは、毎週二回の割合で古文書講座を実施している計算になります。写真撮影・目録作成といった歴史資料の基礎調査にとどまらず、さまざまな形と機会を設けてその成果を社会に還元している点が部門の活動の大きな特色です。資料の活用まで含めて歴史資料保全ととらえるのであれば、部門は宮城資料ネットや諸団体と連携することで、保全活動をより一層充実させているといえるでしょう。

一方、こうした部門の活動を推進する上で不可欠なのが地域住民の皆様方との協力関係です。個人宅の古文書調査、具体的には土蔵内の探索や古文書の搬出、クリーニング、撮影といった作業にはマンパワーが必要で、地元の方々のお力添えを得ることもしばしばです。所蔵者との信頼関係を構築する点でも多大な助力をいただいています。さらに、地域でイベントを開催する際には、自治体など公的機関や郷土史会の協力なくして会場の確保、告知といった準備を円滑に進めることはできません。地域の皆様とタッグを組むことではじめて、継続的な歴史資料保全活動が可能になるのです。ご支援をいただいた方々に調査の成果をお返しすることは、部門に課せられた重要な使命といえるでしょう。また、歴史講演会や古文書講座の参加者から、「うちにも古文書があるので見てほしい」と依頼され、新たな保全活動がスタートすることもあります。こうした経緯でご縁を得た方が部門開設以来どのくらいの数に上るのか、定かではありませんが、いずれも部門にとっては貴重な財産です。地域社会と部門の関係は、いわば古文書が結び付けたソーシャルネットワークといえるでしょう。

二〇一七年二月の東北アジア研究センターシンポジウム「歴史資料学と地域史研究」は、部門開設五周年を記念したイベントでした。セッション「これからの歴史資料保全活動」において、企画者の高橋が掲げたキーワードは、「歴史資料保全活動の継続性」です。地域の方々とのタッグによって継続的な歴史資料保全活動が可能になるという考え方を念頭に、古文書がつなぐソーシャルネットワークのあり方を議論したいという意図を込めたものでした。具体的な主旨（当日配布資料）

は次の通りです。

二〇一一年の東日本大震災発生以降（あるいはそれ以前から）、東北地方では活発に歴史資料のレスキュー活動が行われてきた。その成果や意義、課題については数多くの報告がある。一方、歴史資料を保全する、すなわち貴重な文化財を長く後世に伝えようとするならば、レスキュー後の対応も重要ではないだろうか。とりわけ未指定のものが多数を占める古文書の保全を考えた場合、レスキューのみで保全活動は完結するのではなく、その後の管理や活用までも含めて保全活動として認識するべきだろう。このように考えた場合、保管施設の整備や個人宅の土蔵の管理、展示や市民講座での活用について、持続可能な今後のあり方を検討することが、地域の財産として古文書を継承していく上で必要だと思われる。

セッションでは以上のような観点から、主に「レスキュー後」あるいは「レスキュー以外」の古文書をめぐる活動に焦点を当て、歴史資料保全活動をいかにして継続すべきか、議論を深めることを目的にしました。報告者とタイトルは次の通りです（所属は当時）。

- 櫻井和人（白石市図書館）「歴史資料保全活動の現場から―宮城県白石市の事例―」
- 小味浩之（一関市芦東山記念館）「一関市旧家の土蔵の温湿度モニタリングについて」

・泉田邦彦（東北大学大学院文学研究科博士後期課程）「原発事故被災地における歴史・文化継承の意義について―福島県双葉町両竹地区の事例から―」
・高橋陽一（東北大学東北アジア研究センター上廣歴史資料学研究部門）「歴史資料保全活動の成果をどう伝えるか―宮城県川崎町佐藤仁右衛門家文書をめぐる活動―」

一口に「レスキュー後」「レスキュー以外」の活動といっても、古文書を取り巻く環境は地域によって異なります。残存・保管状況、文化財行政の情勢（マンパワー・予算）、専門機関・職員の有無、地元の関心・協力体制といった要素が生み出す問題は地域によってまちまちであり、それへの関わり方は各々の立場によって異なってきます。こうした点への目配りの必要性から、櫻井氏は揺れ動く文化財行政のなかで民・学・官の連携を模索する動きを、小味氏は旧家の散在する地域での土蔵の状態把握を、泉田氏は原発事故被災地で歴史・文化を継承する取り組みを、高橋は研究者として試みてきた古文書の活用をテーマに報告しました。各地域・立場の実情を踏まえることで、これからの歴史資料保全活動についてより現実的な議論ができたと思っています。

シンポジウム二日目には記念講演が開催され、そのなかで上山眞知子氏（山形大学地域教育文化学部）が「資料レスキューと心理社会的支援」と題して講演しました。心理学の立場から歴史資料レスキューの新たな意義について言及した、刺激的な報告でした。

本書『古文書がつなぐ人と地域―これからの歴史資料保全活動―』では、シンポジウムでの発表をもとにした櫻井氏・泉田氏・高橋・上山氏の原稿を盛り込みました。また、荒武賢一朗氏が、部門の活動の一丁目一番地ともいえる宮城県大崎市の「岩出山古文書を読む会」との連携をテーマに寄稿しています。

バラエティに富んだ本書の内容が読者の皆様に新たな知見をもたらし、将来の歴史資料のあり方について考えるきっかけとなれば幸いです。

目次

1　歴史資料保全活動の現場から

――宮城県白石市の事例――

櫻井　和人

はじめに

本章の舞台である宮城県白石市は人口約三万五〇〇〇人。県の南部に位置する小さなまちです。多くの国指定天然記念物を有する自然豊かな地域ですが、白石をご存じの方にそのセールスポイントと聞いたら、まず片倉小十郎や白石城など、「歴史」が思い浮かぶのではないでしょうか。

写真1　復元された白石城三階櫓

江戸時代の白石は、伊達政宗の重臣として有名な片倉小十郎景綱以降、片倉氏が代々治めた城下町です。そして今でも、そのたたずまいを随所に残しています。

市では、平成七年（一九九五）に白石城三階櫓と本丸大手門を復元するなど、これまで歴史を核とした事業を数多く展開してきました。また、近年アニメやゲームなどで景綱が注目され、その城下町白石の歴史を目当てに多くの観光客が訪れます。つまり、白石市にとって歴史は貴重な財産です。片倉小十郎が治めた城下町に息づく歴史は、今なお、当市に多くのものをもたらしています。

それでは、歴史を守るべき市役所の体制、とくに歴史資料を守る組織はどうなっているかというと、博物館や資料館のような専門的な機関はありません。現在の歴史資料の担当は教育委員会生涯学習課文化財係です。文化財係には、白石市中央公民館やほかの担当を兼務する職員が三名配置されています(1)。当市のような規模の市町村の多くがそうだと思いますが、たとえば文化財課のような「課」として歴史・文化財業務に専念できる組織ではありません。

かく言う筆者も、平成一九年(二〇〇七)四月から二六年(二〇一四)三月まで、七年間にわたり文化財係に在籍しました。ここではその経験をもとに、当市のように歴史資料を専門に担当する組織や職員を持たない、小さな自治体がおこなった歴史資料保全活動を紹介します。また、その活動をとおして見えたさまざまな課題や問題点など、現場からの声をお届けしたいと思います。

一．白石市における歴史資料を取り巻く状況

1　市史編さん事業の終了

はじめに、概ねここ三〇年間の白石市における歴史資料を取り巻く状況について概観します。昭和六二年(一九八七)、『白石市史』の編さん事業が終了しました。事業の中でおこなわれていた歴史資料(以下、「史料」)に関する業務は、その後教育委員会社会教育課(現生涯学習課)文化財係に引き継がれました。しかしながら、当時の文化財係は埋蔵文化財の業務が中心でした。そのため、

史料の積極的かつ継続的な保全や調査はおこなわれませんでした。

結果、筆者が文化財係に加入した平成一九年当時、史料の散逸と市民の不信感は深刻な状態となっていました。市史編さん時に確認していた史料が所在不明、あるいは既に廃棄されていたり、市民から「以前古文書が見つかったと連絡したのに役所に無視された」といった、強い不信感を顕わにした厳しい声を頂くこともありました。

当市における史料は、市史編さんの段階で既に散逸の危機が認識されていたにもかかわらず(2)、その後担当者任せにされ、結果として半ば放置されていました。つまり、この時点で史料の保全や調査が、市教委の通常の業務としては位置付けられていなかったのです。

『白石市史』の編さんが事業化する以前から、当市では史料調査や保全、情報収集が広くおこなわれており、大内幸之助氏(3)をはじめとする郷土史研究者が積極的に活動していました。そして、こうした人々が中心となり市史が編さんされました。しかし、編さん事業の終了後、行政の業務としての史料保全は完全に停滞していたと言わざるを得ません。

2　白石古文書の会の活動

この状況下、当市の史料保全を支えたのは市民団体でした。「白石古文書の会」は、昭和五〇年代後半に中央公民館でおこなわれた古文書講座が母体となり発足した団体です。発足当時の会長は、市史編さんに携わり、長く文化財保護委員長として活躍された故中橋彰吾氏。中橋氏が中心となり、同会では市内に残る古文書を解読し、これまで五冊の文化財調査報告書をまとめています(4)。

写真２　白石古文書の会

二．博物館建設の動きと史料～平成一〇年代後半以降

1　博物館建設準備と史料調査

平成一〇年代後半、当市の行政組織に大きな変化が訪れます。平成一六年（二〇〇四）七月、博物館建設構想委員会が設置され、白石市はその実現に向けて動き出したのです。一八年四月には市教育委員会に博物館建設準備室が(5)、同年九月には博物館建設委員会が設置されました。準備室では、二二年までに市内で一二四件の史料調査をおこないました(6)。また、このころに学芸員二名が採用されました。この学芸員はいずれも埋蔵文化財が専門でしたが、専門職が採用されたのは白石市にとって画期的でした。

これで当市の史料もひと安心、これから歴史が守られていく体制が整うと思った矢先、一九年四月の人事異動で学芸員一名が他の課に異動になってしまいました。博物館建設準備室設置後わずか一年。まさかの出来事でした。その時、課内で社会教育係として、ジュニアリーダーなどの青少年教育事業やユネスコ協会などを担当していた筆者が、偶然学芸員資格を持っていたことから文化財係も兼務することになりました(7)。

2　遠藤家・中島家文書の発見と保全

専門職の異動によって図らずも文化財係を拝命した筆者は、日々の様々な業務に追われていました。学生時代はおもに日本近世史を学び、古文書もわずかばかり読むことができたのですが、仕事として直面した初めての現場は学生時代のようにはいきません。白石古文書の会との報告書の編集、市民向けの歴史講演会での講師や観光ガイド、さらには兼務していた他の業務など、先輩学芸員や周囲の力を頼りに、なんとか仕事をこなす毎日でした。その中で少しずつではありましたが、市内外に残る、あるいは残されているかもしれない史料の情報収集や、調査を進めていました。

そんななか、平成二一年（二〇〇九）二月にまた大きな出来事が起こります。それは、白石古文書の会の会員から、「大量の古文書を保管しているお宅があるので見に来て欲しい」という一本の電話がきっかけでした。紹介されたお宅に伺うと、仙台藩宿老遠藤家のご子孫がいらっしゃいました。そこには、遠藤家に伝わる古文書やご先祖の遺品が、長持と木箱に満載されていました。ほかに、縁戚にあたる中島家の文書もあわせて保管されており、その数は一見しただけで数千点とも思えました(8)。

遠藤家の初代当主は伊達政宗の父輝宗に仕えた遠藤基信です。基信と言えば、片倉小十郎景綱を主君輝宗に推挙したといわれる人物で、遠藤家は白石とは縁浅からぬ御家と言えます。これは大変な発見かもしれない。この時筆者は一瞬心が躍りましたが、それ以上に大きな不安に襲われたのを覚えています。なぜなら、当時の市教委の体力では、これだけの史料群の整理にあたれないことは明白だったからです。人も、予算も、場所もない。それでも目の前には、仙台藩政史はおろか、日本史にとっても重要と思われる史料が大量に存在しているのです。一方で、市教委を信頼して声をかけてくださった方のためにもなんとかしなければならない、という思いだけはありました。

そこで、これまでも当市に何かと協力を頂いていた尚絅学院大学の千葉正樹氏に相談したところ、NPO法人宮城歴史資料保全ネットワーク（以下、「宮城資料ネット」）を紹介されました。同年七月、宮城資料ネットの平川新理事長、佐藤大介事務局長（役職はいずれも当時。本文中以下同じ）に所蔵者宅で調査をして頂きました。すると史料群のなかに近世文書ばかりか、多くの戦国時代やそれ以前の中世文書が発見されたのです。

それから直ちに所蔵者の理解を得て史料群が市教委に寄託され、史料保全の運びとなりました。これは宮城資料ネットの呼びかけで集まった研究者、白石古文書の会らの市民、そして市教委の三者合同でおこなわれました。この時、市民や市教委の職員は、ほとんどがこうした活動への参加が初めてだったため、活動に入る前、まず宮城資料ネットからその手順について詳しく説明を受けま

写真 3　白石市中央公民館でおこなわれた遠藤家・中島家文書の史料保全

した。

保全活動では、研究者と市民、市教委職員が二人ないし三人ひと組になり、デジタルカメラで全点全頁を撮影し、中性紙封筒に収めていきました。これを二一年九月と二二年三月の二回、計四日間実施し、述べ一三七人の参加者によって五〇〇〇点を超えるすべての史料の保全が完了しました。市教委にはこれだけのことをするための予算も、体制も、ノウハウも、何らの用意もありませんでしたが、宮城資料ネットをはじめ、多くの方々の力を借りて一緒に活動することで、大切な史料群を保全することができました。

保全された史料のうち、まず戦国時代以前の中世文書の調査がおこなわれました。東北大学の柳原敏昭、東北学院大学の七海雅人、仙台市博物館の菅野正道の三氏を中心に進められたこの調査によって、約四〇点の文書が確認されました。そこでは、遠藤基信に宛てられた戦国大名や国衆、およびその家臣からの書状が多数発見されました。これらは南奥羽の戦国時代の政治関係を示すものとして、とても重要な史料です。ほかに、たとえば万里小路時房の日記「建内記」の永享二年（一四三〇）二月部分の断簡など、遠藤家の当主が後年蒐集したと思われる貴重な史料もありました。この調査では対象史料をすべて翻刻し、詳細な料紙調査の成果とあわせ報告書にまとめました。報告書の刊行にあわせ、二三年一二月一〇日にはシンポジウム「南奥羽の戦国世界～新発見！遠藤家文書に見る戦国大名の外交～」を開催。およそ四〇〇名もの来場がありました。当市における普段の文化財講演会の来場者が五〇名前後であることを考えると、それまでにない大変な盛会となりました(9)。

遠藤家・中島家文書は、日頃の地道な活動がもたらした大きな発見でした。そのことが市民（民）・研究者（学）・行政（官）の三者協働による大きな力を生み出し、さらに報告書やシンポジウムという大きな成果につながったのです。

三．白石市における歴史資料保全活動の実情

1　白石古文書レスキュー事業

遠藤家・中島家文書の発見によって、市内に眠る貴重な古文書がほかにもあるかもしれない。関係者の間でそうした気運が高まりましたが、なかなか保全活動は思うように進みませんでした。し

かも、その足を一番引っ張ったのが行政でした。昨今どこの役所に行っても聞こえてくる決まり文句「予算がない」「人手がない」が、ここにも大きな足かせとなって現れたのです。

そこで軌道修正し、市単独の財源を諦めて外部に財源を求めました。日頃から予算の相談ばかりしていた筆者に、宮城県教育委員会文化財保護課の小谷竜介氏から情報が入り、平成二二年度地域伝統文化総合活性化事業という国の委託事業にエントリーする機会を得て、採択を受けました。この事業は、はじめ要綱を見ただけでは古文書整理が対象になるとは分からず、気にもとめていませんでしたが、文化庁に確認すると可能性はゼロではない事を知りました。エントリーしたところ、郷土の史料保全活動が地域の活性化に通じるものとして認められ、採択されたのです。その後、この事業は名称や内容を少しずつ変えながらも継続され、当市は二九年度まで採択を受けました(10)。当市の窮状を知る小谷氏からの情報提供がなければ、事業にエントリーすることもなかったでしょう。その場合、財源が確保できず、史料保全が業務として早々に成り立たなくなっていたかもしれません。この時もまた、当市の力不足（とくに財源）を理解ある協力者によって支えられ、活動が継続できました。

ちなみにこの事業では、「白石古文書レスキュー事業」として、二本の柱を設定しました。ひとつは「記録のレスキュー」です。市内に残る古文書をはじめとするさまざまな史料を、指定の有無や所蔵者を問わずレスキュー（保全）の対象としました。宮城資料ネットの調査方法に学び、『白石市史』などの文献から史料を所有していると思われるお宅をリストアップし、電話確認の上訪問し

Living Information

【古文書レスキュー隊】結成！

～市民の宝—郷土の記録と記憶を守ります～

皆さまのお宅の蔵やタンス、押し入れの中に眠っている文献史料はありませんか？

「こんな紙くず」「ごみばっかりだ」と言って、捨てたり燃やしたり、処分しようと思っている方はいませんか？「なんだか古いものもあるけれど、ゴチャゴチャしていて面倒…」という方はいませんか？

そんなご相談をお受けし、貴重な史料を守るのが**【古文書レスキュー隊】**です。

このたび、教育委員会博物館建設準備室では、NPO法人宮城歴史資料保全ネットワークや白石古文書の会、白石市文化財愛護友の会などの協力を得て、【古文書レスキュー隊】を結成しました。

蔵やタンスに眠っている「紙くず」は、実は郷土の宝物です。捨てたり燃やしたりする前に、ぜひ【古文書レスキュー隊】にご一報ください。

無断で持ち出すようなことは絶対にしません。すべて所有者の方にご確認しながら整理作業を行います。

また、郷土の昔の情報も広く調査しています。昔のことに詳しい方や、詳しい人をご存じの方は、ぜひご一報ください。

【古文書レスキュー隊】は、白石の「記録と記憶のレスキュー」に取り組みます。

※本年度は白石と越河地区を重点的に調査します。市民の皆さまのご理解とご協力をお願いします。もちろん、ほかの地区の情報も大歓迎です。

蔵やタンスに眠っている紙切れ…
実は白石の大切な宝物!?

▲昨年行われたレスキュー作業。市内外から多くの方が集まり、約6,000点の保全作業を終了しました

史料に関するご相談や情報提供は、下記までご連絡ください。

〓【古文書レスキュー隊】連絡先〓

教育委員会博物館建設準備室（中央公民館内）
☎22-1343　℻24-5377
Eメールアドレス
con-edu@city.shiroishi.miyagi.jp

写真 4　『広報しろいし』平成22年11月号より

ました。また、『広報しろいし』に特集記事を掲載し、広く市民に活動をアピールしました。実際の調査は、筆者ら文化財係の職員と白石古文書の会で「白石古文書レスキュー隊」を結成して実施し、二二年九月から翌年二月までに二四件の訪問調査をおこないました。

もうひとつは「記憶のレスキュー」です。人の記憶のなかにしまってある、郷土の大切な情報の記録を目的としたものです。たとえば、郷土の昔をよく知る高齢者の方々から、何らかのテーマに沿って聞き取りをおこなうという取り組みだったのですが、当時レスキュー隊のなかには聞き取り調査の経験者がほとんどいませんでした。そこで、調査方法を学ぶ研修会を開催しました。二三年二月二八日、県文化財保護課小谷氏を講師に迎え、レスキュー隊員が研修を受けました。そして来るべき本格始動に備えたのです。結果として、その直後に震災が起き、このレスキュー計画は大きな変更を余儀なくされることとなります。

レスキューした史料の保管場所も大きな問題でした。従来は生涯学習課が入る中央公民館の空きスペースなどに分散して保管する状況が続いていました。広さに限界があり、環境も不十分なことは明らかで、平成二二年度から国の交付金などを財源に、統合により使用されなくなった学校施設の一部を改修して、文化財の収蔵庫を整備しました。これにより、建物二棟、床面積計約四六〇㎡の保管場所を確保することができました。この保管場所は現在白石市文化財収蔵室として稼働していますが、完成後の二四年三月、史料の搬入にあたり、新潟大学の橋本博文教授ほか同大考古学研究室の支援を頂きました。

写真5　白石市文化財収蔵室外観

写真6　白石市文化財収蔵室内部

2　民・学・官の協働

さて、保全された遠藤家・中島家文書は、多くの人が活用しやすい状態にするため、目録を作成することにしました。この作業についても市教委単独では手も足も出ず、白石古文書の会に協力を依頼しました。しかし、同会には目録作成の経験者がほとんどいませんでした。そのことを宮城資料ネットに相談し、平成二二年一〇月に平川新、佐藤大介、蝦名裕一、天野真志の四氏を講師に迎え、古文書の会と市教委に対する研修会を実施しました。

写真 7　目録作成研修会

写真 8　目録作成全体会

その後の作業は、まず保全の際に撮影した史料の画像を市教委が印刷し、それを一定数ファイルに綴じて古文書の会の会員に配付します。会員は各々自宅に持ち帰って、史料を読み解きながら目録カードに必要な情報を記録し、それを市教委が回収してパソコンに入力するという流れで進めました。加えて、概ね月一回のペースで佐藤大介氏にお越し頂き、作業にあたる会員が日頃の疑問点などを解消するための全体会を開催しました。そして最終的に、二六年一一月までに目録カードが五〇九二点作成され、そのすべてのデータが入力されました。

また、宮城資料ネット、白石古文書の会、市教委の三者で、二三年三月二七日に市内中心部と南部の越河地区において史料の一斉所在調査を実施するため、筆者はその段取りを進めていました。訪問予定のお宅にも了解を取って文書を送り、着々と準備をしていたところでした。この調査は、三者協働による史料所在調査の出発点として、今後市内全地区で実施できればと思っていましたが、震災により中止とせざるを得ませんでした。本来であれば、こうした大災害への備えとなる活動だったのですが、あと一歩、本当にあと一歩のところで及びませんでした。

以上のように、当市では震災以前から「レスキュー」と称して史料保全活動をおこなっており、震災後ゼロからのスタートではありませんでした。そこには白石古文書の会（民）、宮城資料ネットを中心とする研究者（学）、そして微力ながら白石市教育委員会（官）が関わり、協働で活動していました。このことが、結果として震災後の動きに大きな影響をもたらしたと思っています。一方で、当市における史料保全活動は、各方面からの協力と支援によって成り立っていました。財源は国庫補助や交付金、県の委託事業などを活用し、市独自の予算は全くと言っていいほど投入されていません。市教委の人員ならびに体制は強化されておらず、その業務としての史料保全の位置付けは、未だ担当者次第という不安定なものでした。

四．東日本大震災の発生

1　白石市の被害と動き

平成二三年（二〇一一）三月一一日、午後二時四六分に発生した大地震、そしてその後の津波や余震は、宮城、岩手、福島の沿岸部をはじめ、各地に甚大な被害をもたらしました。白石市は内陸部にあり津波被害はありませんでしたが、停電・断水・家屋の損壊や道路の損傷など、市内各地で震度六弱の地震による様々な被害が発生しました。市の公式記録によれば、住家被害（全壊から一部損壊まで含む）が二七七八棟、二八三〇世帯で、全体の約二割が何らかの被害を受けました。津波に遭った方も含め、市民の人的な被害は死者四名、負傷者一八名でした[11]。

写真 9　被災した白石城三階櫓

写真 10　復旧工事

当然、市内の文化財にも大き

な被害が想定されましたが、筆者ら当時の文化財担当者二名は、指定避難所である中央公民館職員も兼務しており、直ちに文化財業務に入ることができませんでした。筆者は主として給水業務に、もう一名は避難所業務にあたっていました。それでも、避難所担当の職員が、夜勤明けの日中など、可能な時間に被害確認をおこないました。

また、担当者が思うように動けないなか、広報などを通じて市民や関係者に繰り返し史料保全や情報提供を呼びかけました。その経過は概ね以下のとおりです。

三月二三日　白石市文化財愛護友の会全会員に、史料保全と情報提供を呼びかけるチラシを郵送。

三月三〇日　『広報しろいし　災害特別版』に史料保全を呼びかける記事【歴史を語り継ぐためにご協力下さい】を掲載。

五月　一日　チラシ「歴史資料を捨てないでください！」を全戸配布。

五月一八日　チラシ「歴史資料の保全にご協力ください」を全戸回覧。

市民の皆様へ

歴史資料の保全に
ご協力ください

東日本大震災で被災された皆様には、謹んで御見舞を申し上げます。

この度のような災害では、昔からお宅に残されている古い書類や手紙、書画などの資料が傷んでしまうことや、蔵や倉庫を片付けていたら、これまで気が付かなかった古いものを見つけることがあります。

そうした古いものは、お宅の大切な想い出の品であることはもちろん、郷土の白石にとっても貴重な資料となるものかもしれません。

【傷んでしまったものは】

修復が可能な場合があります。また、それ以上損傷を拡大させないよう手当てをする必要がある場合もあります。

【新たに見つかった古いものは】

適切な保管をすることで、未来に伝えていくことができます。

古いものの修復、保管でご心配、お問い合わせがありましたら、下記までお願いします。

※この事業は、あくまで資料の保全を目的としたものです。資料の買い取りを行うものではありません。

○教育委員会博物館建設準備室　２２－１３４３

（白石市中央公民館内）

～郷土の歴史を語り継ぐための大切な取り組みです～

写真11　5月18日に全戸回覧したチラシ

2　震災後の文化財レスキュー

震災後のレスキュー活動でも、それまでと同様に指定の有無や所蔵者にかかわらず、郷土の史料になり得ると思われるものすべてを対象に活動しました。この時、市民からの情報提供の際に注意したことがあります。それは、とくに電話口での対応です。電話で情報提供があった時、なるべくその場での判断を避け訪問することを心掛けました。そもそも、誰もが史料や歴史どころではない、被災直後の大変な状況のはずです。そんな時にもかかわらず連絡をいただいた方には、誠意を持った対応が必要です。また電話口では、古いものが出てきたけれどそれが何かよく分からないといった内容が多く、電話だけでは把握できない情報があると考えました。

結果として、訪問して正解という事例がたくさんありました。家族の間では気にもとめておらず捨てようと思っていたもののなかに、地域にとって価値のある史料が入っていたり、建物の被害確認で一緒に屋根裏に上がったら偶然史料の入った箱が見つかったり、訪問時に偶然居合わせた近所の方が「こんな古いものなら、おらい（我が家）にもあるよ」と思わぬ発見があったりと、現場に行かなければ保全につながらなかったことが数多くありました。当時、文化財業務の時間を確保することと自体が難しく、現場に足を運ぶための調整も厳しい状況ではありましたが、そのなかで現場を大切に活動したことが多くの史料保全に結びついたと思っています。

この時の活動においても多くの方に支えられました。新たなところでは、自治会長や教員ＯＢなど地域の顔となる方々が、我々市教委と史料（所有者）を仲介してくれました。地域の方々との日頃のつながりの大切さを改めて感じました[12]。なお、この時の白石市における一連のレスキュー活動は報告書にまとめています[13]。

五．保全した史料を後世に　～史料と人を残す～

1　史料の活用　～残すために～

震災後、平成二五年（二〇一三）七月までの間に八九件の訪問調査をおこない、そのうち寄贈二六件、寄託三件の史料群を受け入れました。これらは簡単なクリーニングをしてから中性紙封筒に入れていく作業をおこないましたが、さらに目録を作成し活用できる状態で後世に残すことを目標としていました。しかし、筆者ほか市教委の担当者が保全や日常業務に追われるなか、目録作成までなかなか手が回らないのが現実でした。

そこで、東北大学東北アジア研究センター上廣歴史資料学研究部門の荒武賢一朗氏の仲介で、目録作成にあたる協力者を紹介していただき、活動を進めることができました。この協力者は白石市からは遠方にお住まいの方々で、当市に来て直接史料にあたることはできません。荒武氏からのご教示により、こちらで撮影した史料の画像をＵＳＢメモリに保存し、それを郵便でやりとりすることによって、在宅で目録を作成して頂きました。また荒武氏は、ご自身が中心となり市内の商家に伝わる史料群の目録を報告書にまとめられたほか、白石市図書館所蔵の和書や古文書、地元発行新聞の目録作成の指導など、さまざまな場面で当市の史料保全活動にご尽力くださっています(14)。

白石古文書の会は、市内の旧家に残され、現在は市教委所蔵となっている史料群について調査を継続しています。前述の遠藤家・中島家文書も調査は継続されています。たとえば平成二九年三月、柳原敏昭氏らによって中世史料の報告書第二弾が刊行されました(15)。また、白石古文書の会が作成した目録カードをもとに、報告書にまとめるための調査が現在も進められています。さらに、幕末維新期に活躍した遠藤家当主允信の関係文書をまとめた報告書の作成に向け、友田昌宏、天野真志、栗原伸一郎の三氏が中心となり、白石古文書の会の協力も得て調査を進めています。

以上、ここで申し上げたいことは、当市に残る史料の活用やそれに向けた取り組みは、多くの協力者によって支えられ、進められているということです。決して市教委が独力で活動しているわけではありません。むしろ取り組み自体は、市民や研究者によっておこなわれています。ここで市教委は、史料と協力者を結びつけるコーディネーターのような役割を担っていると表現した方がいいかもしれません。しかし、活動しているうちに、当初の目的である「後世に活用できる状態で残すために目録を作成する」だけでは、市教委の仕事としては不十分との考えに至りました。座して待っていても史料は活用してもらえません。今では、やはり市教委を主体とした基礎的研究とその成果の発信、また史料と活用する人をつなぐ積極的な仕掛けが必要と考えています。

2　ファンと理解者　～人を残す～

これまでのところで、当市の史料保全活動は多くの協力者によって支えられ、進められていることは述べましたが、この活動が市民全般に浸透しているとはまだとても言えません。

以前、図書館で開催された「白石歴史おはなし会」で、筆者が史料保全を訴える講演をしたときのことです。閉会後、来場者のアンケートに目を通すと、「くだらない・つまらない・面白くない」や、「歴史の話を聞きに来たのにがっかりした」といった意見があり、少なからず落ち込んだ経験があります。震災後、史料保全が広く呼びかけられていた時期にもかかわらず、もちろん、あらかじめ史料保全の話をするという告知だったにもかかわらず、来場した市民の理解はなかなか得られませんでした。筆者としては歴史の話をするために必要な、その土台を作る大切な基礎的活動として史料保全の必要性を訴えたつもりでした。筆者の話す力を差し引いたとしても、史料保全がまだ市民に認知されていないことを痛感した出来事でした。

歴史の話に興味はあっても、史料保全の話に興味がない。日頃筆者が、市民に対してなぜ歴史の話ができるのかと言えば、大切に守られ、残された史料を調査・研究した成果があるからこそなのですが、その基礎的な部分には関心を示してもらえませんでした。

解決策としては、郷土の歴史に興味を持ってもらい、白石の郷土史ファンになってもらうこと、それを伝えるためには史料保全活動が欠かせないものだと理解してもらうこと、この二段階を意識

写真12　郷土史講座「白石史」

して、こうした普及啓発活動を「営業」と呼んで努めました。一例を挙げれば、【郷土史講座「白石史」】と題し、考古編二回、歴史編（古代から近代まで）六回の全八回にわたる講座を実施し、多くの市民に郷土史のおもしろさが伝わるよう心がけました。

次いで郷土史に興味を持った人々に、その歴史を語り継ぐ取り組みを理解してもらうため、史料保全をテーマにした講演会を開催し、理解者の拡大を図りました。また、古文書を読める市民を育てることで史料そのものへの理解を深めてもらおうと、荒武賢一朗氏を講師に迎え古文書講座を開催しました。講座は昼の部のみならず、仕事を持つ世代が参加できるように夜の部も開講しました。今では、講座の出身者たちでサークルが結成されています(16)。

筆者は現在図書館に在籍しており、史料保全そのものは直接の業務ではありません。しかし、その地の利を活かし、ブックトークをとおして郷土史の魅力をアピールしています(17)。たとえば、小学五・六年生を対象に郷土史（片倉景綱など）をテーマに出前ブックトークをおこなうほか、図書館で大人向けに「郷土を知るブックトーク」を開催しています。

そのほか、小学生向けの史跡めぐりウォーキング、一般市民や観光客向けの城下町散策ガイドなど、教育委員会が主催するものだけではなく、観光課や民間団体主催のイベントでも営業に勤しみました。また、博物館建設準備室が白石城歴史探訪ミュージアムでおこなう企画展でも、史料レスキューの成果を展示しました(18)。いずれも、一過性のイベントでは一時的に興味を持ってもらえたとしても、その人々を理解者として残すことは困難です。講演会、講座、城下町散策のような参加型イベントなど、多彩なきっかけを設けファンを増やしつつ、それらを継続することでリピーターを生み、そこから白石の史料保全と郷土史研究を支えていく理解者が出てきてくれれば、という思いを胸に営業を続けてきました。

もちろん、支え方は人それぞれです。中心となって活動を統括する人、史料のクリーニングをして中性紙封筒に入れる人、撮影をする人、古文書を読む人、調査・研究をする人、情報提供をとおして史料と市教委をつないでくれる人、そして史料を所蔵し続ける人など、どのような形でも構いません。いずれ史料の大切さを理解し、守ることに一役買ってくれる人材が必要です。そしてその輪を広げ、残し、次世代につなぐために営業を続けるのです。このような活動から、白石にしかない歴史の発見やその魅力が明らかとなって発信されるようになれば、それは立派なまちづくりです。史料保全に端を発する郷土史の振興は、ひいてはまちづくりに貢献する活動と言えるでしょう。だからこそ、史料保全は行政にとって重要な仕事です。

六　これからの課題　～続けていくために～

1　住民や研究者の理解と協力

第一に、広く住民の理解と協力が必要なことは言うまでもありません。史料の所蔵者は、「これは我が家にとって大切なものだから粗末に扱ってはいけない」と自分の祖父や父から言われていたので、今まで何となく捨てずにいたとしても、代替わりするたびにその史料は散逸の危機にさらされます。

なぜ大切なのか。それは、その史料によってさまざまな答えがあるでしょう。いずれ、これが所蔵者に理解され、その理解とともに史料を相続してもらわなくては散逸の危機はこれからも繰り返し訪れます。この連綿と続く危機に対し、一撃で未来永劫に有効な返答を持ち合わせていない以上、私たち行政は営業を継続していかなければならないのです。加えて、史料の所蔵者ではなくとも、保全活動を支えてくれる地元の人々は大切な存在です。地元のことは、地元の人が一番よく知っているはずです。どこに何があるのか、誰が何を知っているのか。史料保全活動に必要な情報は地域の人々が一番の情報源です。その人々に、郷土の歴史を守る活動を理解してもらえるよう、やはり行政は努力を続けていかなければなりません(19)。

また研究者との連携も不可欠です。たとえば、保全に必要なノウハウが地元にない場合、研究者の協力がなければ現場が動きません。さらに、専門的知見を持つ研究者が地域の史料を活用してくれれば、史料をなぜ残さなければならないのか、住民により分かりやすい形で示すことができるようになります。活用無くして、史料を守り続けていくことは困難です。

2　行政の役割と理解

住民や研究者との連携と継続的な保全活動のために、行政の持つ役割は非常に重要で、郷土に残る史料の保全は大切な仕事です。基本的なことだと思いますが、各地でそのことを認識して組織的に活動している役所・役場がどれほどあるでしょうか。

史料を残すことはその市町村固有の財産を残すことですし、その史料は地域で、何よりも行政自体で活用できることがたくさんあります。当市の例をとれば、白石城のパンフレットやガイドブックなどの刊行物には史料の調査成果が満載です。史料に基づいた先人の調査・研究無くして、白石の歴史を見せ、語ることはできません。もちろん、多くの観光客を集める当市のシンボル、白石城の復元にも史料調査の成果が反映されています。

史料を残し、それをもとに郷土史の基礎的研究を継続していかなければ、住民や観光客に示すことができる我がまちの歴史は表面的で薄っぺらなものとなり、まちの価値そのものを埋没させてしまうのではないでしょうか。

郷土に残る史料は、日本史を揺るがすような、また今までの常識を覆すような史料ばかりではないかもしれません。しかし、その地域、その集落にとってかけがえのない唯一無二の財産が含まれています。その史料の持つ背景や意味を調査・研究によって明らかにし、展示や講座、講演をとおして対象となる地域をはじめ多くの住民に還元することは、その興味を喚起します。地元の住民が興味を持ってその史料を見てくれれば、それは守られる対象となり得ます。

郷土の歴史を守り、つなげるため、史料保全は自治体の文化財担当者が担うべきれっきとした仕事です。とりわけ市町村教育委員会の文化財担当者は、史料保全を担う立場として、住民に一番近い存在と言っても過言ではありません。それぞれの市町村には、まだ見ぬ史料がたくさん眠っているはずですし、また相続や家の建て替えなどで、散逸の危険にさらされている史料も数多くあるはずです。自治体の組織としても、文化財担当者個人としてもこの点を自覚し、例年の業務計画の中に史料保全をしっかりと位置付けていく必要があると思います。加えて、文化財担当者は史料を扱う際、調査のための調査で終わらせては不十分です。調査成果が住民にどのような利益をもたらすのか。担当者はその説明責任は免れません。それ無くして、組織の理解も、まして住民の理解も得られないでしょうし、その理解無くして継続的な業務も見込めないのです。

3　行政における人材養成

史料保全は、やれる人間がいるときだけやっていればよいという仕事ではありません。行政として、継続的かつ主体的に関わっていく必要があります。役所（役場）が動かないために史料が散逸してしまった。現場でそんなことがあっては絶対にいけないのです。

しかし、実際の市町村教育委員会の現場で、ましてその市町村に資料館や博物館がないとき、史料を取り扱える人がどれだけいるでしょうか。博物館などを持たない自治体であったとしても、そこにも歴史があり、史料はあるはずです。その時、分からないから動けない、県の博物館や大学の先生には問い合わせたけれど話が進まない。そうこうしているうちに、史料は散逸してしまうかもしれないのです。だからといって全国すべての自治体が博物館を建設して史料保全の受け皿を整備するのは、財政難のさなか現実的ではありません。こういう時だからこそ、ハコモノではなく「人」です。市町村では、こうした人材を養成するための長期的な視点が必要だと思います[20]。

おわりに

博物館を持たない小さな自治体である白石市がおこなった史料保全活動には、本稿にお名前を紹介した方のみならず、本当に多くの協力者・理解者が参加しています。

もし、読者のなかに「何度言っても役所が動かない！」と思っている、史料の大切さを知る住民の方がいたら、行政へのアプローチを少し変えてみてはいかがでしょうか。本章にも多くの史料保全に携わる研究者が登場していますが、皆さんの地元にもきっとこのような方はいるはずです。インターネットで地元の大学を調べたり、「××県、資料ネット」などと検索してみたりしてください。意外と近くに同志が見つかるかもしれません(21)。

そして役所の担当者には、「●●大学（博物館）の■■先生に聞いてみてくれ」と具体的な相談先や動き方を指示してみたり、「▲▲資料ネットに相談したいから、役所が中に入ってくれ」などと、役所を間に挟んで一緒に動いたりしてみてください。ただ、今の役所の文化財担当者は、もしかすると身も心も余裕がないかもしれません。ですから、皆さんの思いに反して動きが鈍いかもしれません。しかし、かつて白石古文書の会がそうであったように、役所がダメなときこそ住民の皆さんが頼りです。市がダメなら県から、と言っては行政の方々に怒られるかもしれませんが、いろいろなアプローチを試みて行政を上手く使ってください。

行政、とくに市町村教育委員会の現場にいる方々には、まず史料保全は緊急性のある仕事という意識さえ持って頂ければ、次はコーディネートです。筆者のような一般職にもできる仕事があります。活動のため、その継続のため、予算・人・体制をいかに整えるか。住民から史料の話があったら、つまり史料と行政が結びついたら、次は理解者（住民・研究者・行政内部の同僚や上司）を増やして史料を守る体制を作っていく。史料を残すためには、まず人をつないで残すことが必要です。

いつの日か、全国すべての市町村に史料担当の職員が配置され、地元の人々によって史料が活用され、歴史が守られていくことを願いつつ、筆者はこれからも自分なりに現場で活動していきます。

注

(1) 平成三〇年度現在。

(2) 『白石市史　5』(白石市、一九七四年)三三四頁に、当時市内で寛永検地帳の多くが散逸しており、「今後更に散逸の恐れがあるので」市史に掲載したとある。この頃既に、史料の散逸が進む状況に対し強い危機感が示されていた。

(3) 大内氏の功績については、『白石市史発刊ニュース　第五回配本附録』(白石市史編さん委員会、一九七九年、『白石市史　1』の附録)に詳しい。とくに、氏によって市内全域の旧家にある古文書が筆写された『白石市誌資料』全四六冊(市図書館蔵)は、後年の市史編さん事業において大いに活用されている。

(4) 白石古文書の会については拙稿「地域と古文書　白石古文書の会(宮城)」(『古文書研究』第七五号、二〇一三年)を参照。

(5) なお、この時設置された博物館建設準備室は現在も存在し、未だ博物館は建設されていない。専従職員はおらず、室長は生涯学習課長が、ほかは文化財係の一部の職員が兼務している。

(6) 白石市文化財調査報告書第四八集『白石市の文化財レスキュー』(白石市歴史文化を活用した地域活性化実行委員会、二〇一四)一九頁。

(7) 筆者は専門職ではなく一般職採用である。生涯学習課の後は市民課、図書館へと異動している。また、この時の筆者の肩書きは「教育委員会社会教育課社会教育係兼文化財係兼中央公民館」。兼務だらけであった。翌二〇年四月には、社会教育係の兼務が外れ、博物館建設準備室兼務が新たに付いている。

(8) 遠藤家は藩の奉行（家老）職を代々勤める重臣で、現在の宮城県栗原市におよそ二〇〇〇石を拝領していた。中島家は現在の宮城県伊具郡丸森町に同じく二〇〇〇石を拝領する重臣の家である。なお、これらの文書群発見からの経緯は、拙稿「文書発見と整理、調査の経緯」（白石市文化財調査報告書第四〇集『伊達氏重臣遠藤家文書・中島家文書〜戦国編〜』、白石市歴史文化を活用した地域活性化実行委員会、二〇一一年）、および同「古文書の大発見が生んだ力」（『日本歴史』第七七九号、二〇一三年）を参照。

(9) 報告書の刊行、シンポジウムの開催によって、保全された遠藤家・中島家文書が広く認知された。なおこの史料群は平成二三年三月一一日、東日本大震災の当日に白石市文化財に指定されている。詳しくは注(8)の報告書を参照。シンポジウムについては、『広報しろいし』二〇一二年二月号（五〜七頁）に記事が掲載されており、インターネットでもご覧いただける。（http://www.city.shiroishi.miyagi.jp/site/magazine/197.html）

(10) 平成二九年度の事業名は「文化遺産総合活用推進事業」。白石市は、白石市文化遺産活用推進委員会が事業主体となり採択を受けた。

(11) 『東日本大震災白石市の記録』（白石市、二〇一四年）一七頁および注(6)報告書参照。

(12) 阪神・淡路大震災の経験をもとに、日頃のボランティアや郷土史研究者との連携、民間所在の史料情報の把握の必要性については既に指摘されている。（坂江渉「地域歴史資料の「保全」から「活用」へ―阪神・淡路大震災の被災地からの発信」、奥村弘編『歴史文化を大災害から守る　地域歴史資料学の構築』東京大学出版会、二〇一四年）

(13) 注(6)報告書。

(14) 報告書は、白石市教育委員会・渡辺家文書調査研究会編、白石市文化財調査報告書第四九集『渡辺

家文書Ⅰ～現況目録1～』（二〇一六年）、同第五一集『渡辺家文書Ⅱ～現況目録2～』（二〇一七年）、同五六集『渡辺家文書Ⅲ～現況目録3～』（二〇一八）。本史料群の調査は継続中である。図書館で作成された新聞や和古書のリストは、白石市図書館のホームページからご覧頂ける。ほかに歴史講演会や古文書講座、古文書サークルの指導者など、荒武氏は「白石市歴史文化アドバイザー」に就任され、多方面で尽力いただいている。

(15) 白石市文化財調査報告書第五三集『伊達氏重臣遠藤家文書～戦国編2～』（白石市文化遺産活用推進委員会、二〇一七年）

(16) 白石古文書サークルは毎月一回、中央公民館で活動している。

(17) ブックトークは、あるテーマに沿って何冊かの本を聞き手に紹介するもの。

(18) このミュージアムは公益財団法人白石市文化体育振興財団が管理する施設で、その一部（二階部分）が展示スペースになっている。博物館建設準備室がその展示をおこなっており、年に数回企画展を開催している。こうした活動は、注(6)報告書でも紹介している。

(19) 史料保全のための地域住民の理解については、寺内浩「歴史資料を守り、伝えるために―愛媛資料ネットの活動より」（注(12)書）など、各地の活動で指摘されている。

(20) 二〇一七年八月に東北大学東北アジア研究センター上廣歴史資料学研究部門の主導で始まった「上廣歴史資料活用講座」は、自治体の文化財担当者たちに郷土の史料の活用について学ぶ機会を提供するもので、非常に重要な取り組みである。

(21) 注(12)書の巻末に「各地の資史料ネット一覧」が掲載されている。興味のある方はご活用いただきたい。

2　原発事故被災地における歴史資料保全とその意義

――福島県双葉町を事例に――

泉田　邦彦

はじめに

二〇一一年三月一一日、茨城大学人文学部三年生だった私は、福島県大熊町のスポーツセンターで東日本大震災に遭遇しました。大熊町で被災したのは、私の実家がその隣町である双葉町両竹地区にあり、帰省途中に双葉高校弓道部の部活指導に立ち寄っていたからでした。被災直後は近隣町村で被災した家族とは合流せず、一人で県内の避難所を転々としました。避難生活は約二週間におよび、その間に多くの人の温かさに助けられました。その経験から、自分にできることで何かしら恩返しをしていきたい、自分が動くことで現状を変えていきたい、という気持ちを強く持つようになりました。水戸に戻った後は、指導教官の高橋修教授やゼミの先輩・後輩たちとともに、「茨城史料ネット」のメンバーとして、学生の立場から茨城県内の被災資料のレスキュー活動に従事し、少しでも多くの歴史資料を後世に残そうと奮闘してきました[(1)]。

茨城史料ネットとして活動するなかで、福島第一原子力発電所事故（以下、原発事故）被災地となってしまった故郷をどうにかしたいという気持ちが強くなり、実家である泉田家資料レスキューを皮切りに原発事故被災地の歴史・文化を残す取り組みに携わるようになりました。これまで主体的に双葉町・大熊町の個人宅の資料レスキューをおこない、実家のある双葉町両竹地区の歴史資料保全活動や[(2)]、隣接する浪江町請戸地区の大字誌編纂[(3)]に取り組んできました。また、双葉町教育委員会と筑波大学が中心になって実施している、双葉町の被災資料・震災資料の保全活動および整理活動[4]に協力しながら、原発事故被災地の資料保全活動を継続し現在に至っています。

本稿では、右記のような経験をしてきた立場―原発事故被災地に実家を持つ地域住民、且つ歴史資料所蔵者―の視点から、原発事故被災地における歴史資料保全活動について報告していきたいと思います。原発事故被災地では、三・一一を機に地域コミュニティが崩壊し、文化の担い手が地域から消失したため、これまで積み重ねられてきた歴史・文化が断絶してしまう危機に直面しています。前半は、双葉町を対象に据え、歴史・文化を継承する取り組みの課題を確認したいと思います。後半は、両竹地区の事例から当該地域に伝わってきた歴史・文化がどのようなものかを提示し、原発事故被災地において地域の歴史・文化を継承することが住民にとってどのような意義があるのかについて考えていきたいと思います。

一．双葉町の震災後

まずは、双葉町の現状を概略しておきましょう[5]。双葉町は、昭和二六年（一九五一）に新山町と長塚村が合併して標葉町となり、昭和三一年に双葉町に改称して現在に至ります。福島県浜通りのほぼ中央に位置し、町の面積は五一・四二平方キロメートル、震災前の人口（二〇一〇年時点）は六九三二人でした。

東日本大震災では、マグニチュード九・〇、震度六強の強い地震に見舞われました。津波による被害は、両竹地区全二七世帯、中野・中浜地区全五一世帯、郡山地区四世帯が浸水し（うち全壊流出多数）、死者二〇人、行方不明者一人の被害が出ています。原発事故の影響では、二〇一一年四月に警戒区域に指定された後、二〇一三年五月の区域再編を経て、現在は町域の九六パーセントが帰還困難区域、残り四パーセントが避難指示解除準備区域に指定されています。

帰還困難区域は、二〇一一年末時点で年間積算放射線量が五〇ミリシーベルトを超え、二〇一二年三月から数えて五年以上は戻れない区域とされています。双葉町では、国道六号線よりも東側（郡山地区）が中間貯蔵施設の建設用地とされ、住民が元の自宅で生活を営むことができなくなってしまいました。また、帰還困難区域内でも比較的線量の低いＪＲ双葉駅を中心としたエリア（長

写真１　14時46分で止まった双葉駅の時計（2013.03.10）

写真２　長塚地区の様子。地震によって街道沿いの家屋が倒壊していた（2013.03.10）

写真３　長塚地区にある初発神社は地震によって大きく歪んだ（2016.08.20）

写真４　両竹地区の東方面。除染以前の状況（2012.07.15）

写真５　両竹地区の西方面（2012.07.15）

写真６　両竹地区の東方面。解体除染により民家がほぼなくなった（2018.01.02）

写真７　両竹地区の西方面（2018.01.02）

塚地区）は、「新たな生活の場」の確保と「既成市街地の再生」が推進され、二〇二〇年末頃までに先行的な避難指示解除が目指されています。

一方、避難指示解除準備区域に該当するのは、双葉町両竹・中野・中浜地区です。この地区は、前述の通り、津波によって全戸浸水被害を受け、半壊・全壊家屋がほとんどの状況です（津波による全壊流出多数）。避難指示解除準備区域は、年間積算放射線量が二〇ミリシーベルト以下の地域で、放射線量は相対的に低く、住民の立ち入りは自由であるものの、宿泊は原則として禁止されています。空間線量が低いことから、今後、両竹地区では、太陽光パネルの設置や水田の再生をはじめとする産業拠点としての整備がおこなわれる予定です。

また、区域内の両竹・中野・中浜地区と隣接する浪江町両竹・中浜地区とにまたがるエリアには復興祈念公園が、中野地区にはアーカイブ拠点施設が造成・建設されることが決まり、既存の地域景観はなお改変を余儀なくされています。

町内のいずれの区域においても、住民の帰還は未だ実現しておらず、震災から七年を経た現在（二〇一八年）も強制的な避難状況は継続したままです。しかし、右記のような整備計画が決まったため、町内では徐々に解体除染が進行しています。両竹地区では、二〇一七年一二月時点で解体除染がほぼ終了し、泉田家も土蔵を解体するに至りました（写真8〜10）。震災から七年以上が経過し

写真 8　泉田家土蔵（2009.03.07）

写真 9　泉田家土蔵（2017.11.25）

写真 10　解体後の土蔵跡（2018.01.02）

たことで、地震被害を受けた家屋の倒壊が進行するとともに、解体除染の進行も相まって、家屋・土蔵内部に残されてきた歴史資料の消滅が加速化し、その保全が喫緊の課題として浮上しています。

二、双葉町民の歴史認識

次に、双葉町における歴史資料を取り巻く現状を把握するため、『双葉町復興まちづくり計画（第一次）』（以下、『第一次計画』）を参照してみましょう。この計画は、二〇一二年七月から始められた「双葉町復興まちづくり委員会」や「七〇〇〇人の復興会議」での議論、「住民意向調査」を経て、二〇一四年六月にまとめられたものです。このうち、参考資料の「三、収集された町民の主な意見・提案」の中に「⑫残したい双葉町の歴史・文化について」という項目があります。この項目に記載されている意見は、すべての町民の意見が集約されているわけではないですが、おおよその傾向をうかがうことができるものと考えます。この資料を作成する際に基となったアンケート結果を分析することで、双葉町民の歴史認識を探ってみましょう。

町民が「残したい町の歴史・伝統・文化」として挙げた意見の総数は二六七件になります。このうち最も多かったのは、毎年正月に町の商店街でおこなわれていたダルマ市に関するもので、「ダルマ市」に対して三八件、「ふたばダルマ」は七件確認できます。

次いで多かったのは、双葉町の教育に関するもの（小中学校、高校を含む）三五件です。「文教の町、双葉町」という意見に代表されるように、双葉町には幼稚園から高校まで幅広い年代が通っていた学び舎がありました。そこで培われてきた教育そのものが、町民にとって「残すべき伝統・文化」として考えられていることがわかります。

そのほか上位の意見として、毎年夏に開催された町民盆踊り大会（一三件）、毎年秋に町内の地区対抗でおこなわれた町民体育大会（一二件）、文化祭（五件）などが挙げられます。いずれの行事も毎年町内で実施される一大イベントであり、地区（大字）ごとに住民が参加していたものでした。つまり、町民が残すべき歴史・文化として挙げたものの多くは、日常生活と密接に関わりのあった町の行事が主であるのです。歴史学研究者や民俗学研究者が真っ先に想定する、町の歴史とそれを示す歴史資料、コミュニティの中で長年継承されてきた民俗芸能は、町民のアンケート結果をみるかぎり、「残したい町の歴史・伝統・文化」としての優先度は高くない、ということがいえそうです。

それでは、町民の史跡や民俗芸能に対する認識の実態はどのようなものなのでしょうか。史跡に関するものを拾い上げてみると、国指定重要文化財の「清戸迫横穴」（一八件）、福島県指定天然記念物の「前田の大杉」（三件）が確認できます。清戸迫横穴とは、双葉南小学校（新山地区）の敷地内に存在する七世紀前半の横穴墓群で、渦巻き模様や人物・動物が描かれた彩色壁画は双葉町のシンボルといえます。また、前田の大杉（前田地区）は、高さ二三・五メートル、樹齢約一二〇〇年以上といわれる古木で、町内の小学校が遠足で訪れていました。一方、民俗芸能に関しては、じゃんがら念仏踊り（五件）、田植踊り（二件）、神楽（三件）、せんだん太鼓（八件）、国指定重要無形文化財の相馬野馬追（二件）が挙げられています。じゃんがら念仏踊りや田植踊りは、地区でおこなわれるほか、ダルマ市でも披露されており、町民にとって馴染み深いものといえるでしょう。

アンケート結果全体からは、やはり住民が普段生活する中で関わりがあったもの、目にする機会があったものが歴史・文化として認識されている現状がうかがえます。しかし裏を返せば、町民が歴史・文化として認識していないものについては等閑視されてしまうということにもなりかねません。震災後、茨城県・福島県の沿岸部で被災資料のレスキュー活動をしている時、各家を巡回してみると、歴史資料を有している個人宅でも「うちには何もないよ」といわれたり、私たちが古文書を保全している姿をみて「そんな紙切れを残してどうするの」といわれたりしたことがしばしばあります。歴史研究者や文化財行政に携わる者からみれば、貴重な歴史資料であっても、一般市民からすればよくわからない古いものであり、まして緊急時にはただのゴミとしか認識されません。

双葉町で歴史資料を保全するには、町民に向けて、どのようなものが歴史資料になるのか、残した歴史資料からどのような歴史像を描けるのかを提示することが求められているように思います(6)。歴史活動成果を具体的に発信することで、住民に歴史資料を保全することの意義を理解してもらい、歴史研究者・文化財行政職員と町民との認識の差を埋めることがその第一歩になると考えます。

三.『双葉町史』編纂の成果と課題

ところで、前述の町民が「残したい町の歴史・伝統・文化」を継承するにあたって、双葉町は既存の『双葉町史』を活用することを方法の一つとして検討しているようです。二〇一六年三月に出された「双葉町復興まちづくり計画（第一次）に基づく事業計画（実施計画）」では、伝統芸能については継承に必要な諸経費を補助する取り組みをおこなうこと、歴史については「公教育や生活学級」で「町の歴史・伝統・文化を学ぶ場の確保を検討」するとともに、『双葉町史』を活用することが掲げられていました。

『双葉町史』は、一九八〇年（昭和五五）に町史編纂事業が開始された後、一九八四年から出版が始まり、二〇〇三年に完了しています。町史五巻、町史資料シリーズ五巻、『双葉町災害史』の計一一冊が刊行され、総ページ数は四〇〇〇頁を超え、内容も多岐にわたっております。『町史』が今後の歴史・文化の継承の基礎になることは間違いないでしょう。しかし、『町史』の内容については発刊当時から関係者によって課題が指摘されていました。以下に『近代・現代資料編』と『民俗編』を刊行した際の関係者の言葉を掲げてみます。

【史料一】小野田恵助「あとがき」(7)

この第四巻の資料集めに際し、旧長塚村の資料が不足気味、特に旧役場関係の資料は皆無に近い有様、それというのも、かつて新山町と長塚村が合併して新庁舎を新山の広町に造った当時、両者の明治以来の諸帳簿が運び込まれたわけでありますが、倉庫的なものがなかったので、廊下や物入れに山と積まれて永いこと放置されていたことを思い出す。私が役場職員（教育長）として入ったのが昭和三十七年、次ぎから次ぎと増える帳簿の整理に困って、帳簿収納庫を造っては見たものの、全帳簿を収納することはできず、不要物は焼却する運びになったわけであります。当時、町史編さん計画でもあれば必要なものは取っておけた筈なのに、残念ながらそれもせずに焼却処分をしたわけ、放置し放しのものは大方旧長塚村のもの、それが皆灰になったのだから貴重な資料の不足するのも当然、どうにか県資料室の調査で補っては見たものゝ、万全と迄は行かなかったことは残念でなりません。

【史料二】岩崎真幸「民俗編の監修にあたって」(8)

民俗を資料化するためには、経験を丹念に聞き取って記録する聞き書きや、生活の観察記録がもっとも重要です。『双葉町史』の民俗編は、私たちが保存している民俗のほんの一部に触れたに過ぎません。また文書記録などを中心に編纂したために、聞き書きすなわち生活者の「なまの声」が反映されていないのがちょっと残念です。

一九八九年に刊行された『近代・現代資料編』については、当時の教育長であった小野田恵助氏が、旧長塚村関係公文書を収蔵場所が不足したため焼却処分したこと、それにより『町史』編纂時には旧長塚村関係資料を十分に掲載することができなかったことを述べています。また、二〇〇二年に出版された『民俗編』に関しては、文献史料を中心に編纂をしたため、町民への聞き取り調査が不十分になってしまったことを、監修者の岩崎真幸氏が述べていました。つまり、『町史』編纂時から、①合併以前の旧町村関係の不足、②町民への聞き取り調査の不足が当初から認識されていたわけです。これらの課題を克服することが、今後の双葉町の歴史・文化を継承するためには重要であると考えます。

しかし、この二つを取り巻く状況は非常に厳しいように思います。旧長塚村関係公文書は前述のように焼却され、役場庁舎には皆無の状況です。双葉町合併以前の旧町村である旧請戸村関係公文書は津波によって流出してしまい、ほとんど残されておりません。そのため、旧長塚村・旧請戸村の旧家の歴史資料を保全し、関係資料を集積していく必要がありますが、住民の自宅への立ち入りが制限され、住民が全国に散り散りになって避難している現状では資料レスキューですら未だ困難な状況です。町民への聞き取り調査も同様で、これまでは住民の日常生活のなかで当たり前におこなわれてきた民俗行事や民俗芸能、伝承、俗称地名などの無形の情報は、原発事故によって地域から住民が強制に切り離され、継承の場と担い手を消失したことにより、確実に失われようとしています。

次章ではこれらの現状と課題を念頭に置きながら、私が取り組んできた双葉町両竹地区における資料保存活動について報告し、原発事故被災地に残された歴史資料とそれを保全することの意義について述べてみたいと思います。

四．両竹地区と歴史資料

1　両竹地区の概要

両竹の地名は、かつてこの地から二股に分かれた竹が出生したことに由来すると伝えられています。管見の限り、史料上の初見は天正一八年（一五九〇）に作成された検地帳であり、「もろ竹入組　中野入組　中浜村」と周辺三村を合わせて石高や田畠の面積が把握されていることが確認できます。少なくとも中世には村落として成立しており、近世においても個別の村落として存在していました。その後、明治二二年（一八八九）の町村制施行によって請戸村大字両竹になり、昭和二八年（一九五三）に浪江町・請戸村・幾世橋村が合併して浪江町が誕生すると、その一部となりました。昭和三三・三五年には両竹地区の一部が双葉町に編入されたため、双葉町側と浪江町側とに分裂し現在に至っています。

震災時は地区全体に津波が押し寄せ、双葉町両竹全二七世帯が浸水（全壊流出、大規模半壊多数）、浪江町両竹全二七世帯が全壊流出してしまいました。

両竹地区における資料保全活動については、これまでに二〇一二～二〇一四年にかけて活動成果をまとめる機会があり、その時々における現状と課題を報告してきました。そのため本稿では、とくに二〇一五年以降の活動で新たに得た知見を中心に報告していくことにします。

2　泉田家資料レスキューの成果

私の実家である泉田家は、地震による家屋の大規模半壊、津波による床上浸水の被害を受けました。さらに原発から約四・五キロメートルの距離にあったため、二〇一一年四月に警戒区域に指定され、区域再編後は避難指示解除準備区域となり、現在に至っています。二〇一七年四月時点における周辺の空間線量は、毎時約〇・一マイクロシーベルトですので、町内では比較的線量の低い地域です（両竹公民館　二〇一二年四月一日　〇・五四、二〇一四年一月二八日　〇・三二、二〇一七年四月一四日　〇・一）。

写真 11　泉田家周辺の様子。隣家は全壊し瓦礫が集積されていた（2011.06.11）

写真 12　泉田家は門で瓦礫が堰き止められた（2011.04.21）

写真 13　泉田家隠居。津波の痕から到達点がわかる（2011.06.11）

泉田家資料は、二〇一一年八月以降、一時帰宅の機会を利用して家族や友人の力を借りながら資料レスキューをおこない、茨城大学にて資料整理を実施してきました。これまでの活動の成果として、茨城史料ネット及びNPO法人歴史資料継承機構じゃんぴん（代表理事・西村慎太郎氏。国文学研究資料館准教授）の支援によって、資料の目録作成および写真撮影を実施し、現在約一三〇〇点分をデジタルデータ化しています。また、救出した資料のうち、破損が甚大なものや固着して開披できなかったものについては、西村慎太郎氏を通じて東洋美術学校に修復処置を依頼し、修復を施したものもあります（写真14・15）。所蔵者個人の力のみでは残すことすら困難な状況にあった泉田家資料ですが、志のある学生・研究者、そして多くのボランティアの協力を得ることで無事に保全することができました。

写真 14　東洋美術学校における泉田家資料の修復風景（2016.06.24）

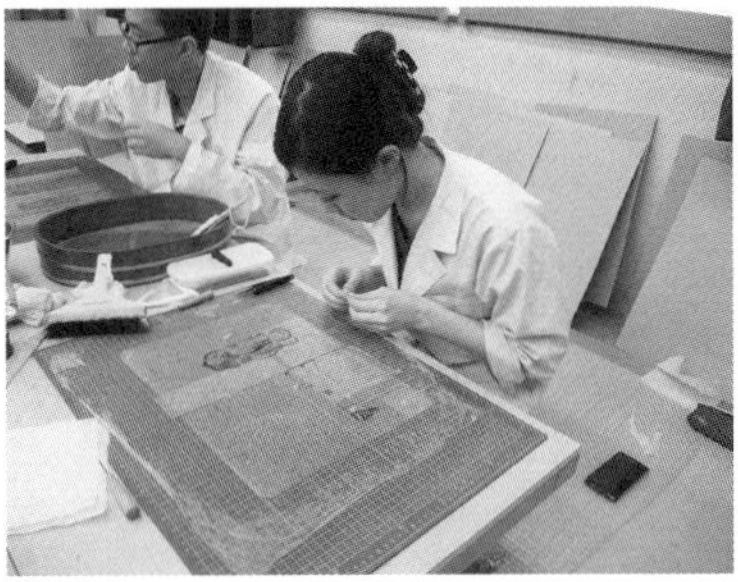
写真 15　修復教材として提供し、演習の際に修復処置をしてもらった（2016.06.24）

ここで泉田家資料の概略を述べておきましょう(9)。泉田家は、近世には相馬中村藩の御番医を務めていました。初代・荒木伯隆昭成（後、泉田伯隆を名乗る）は、文化一五年（一八一

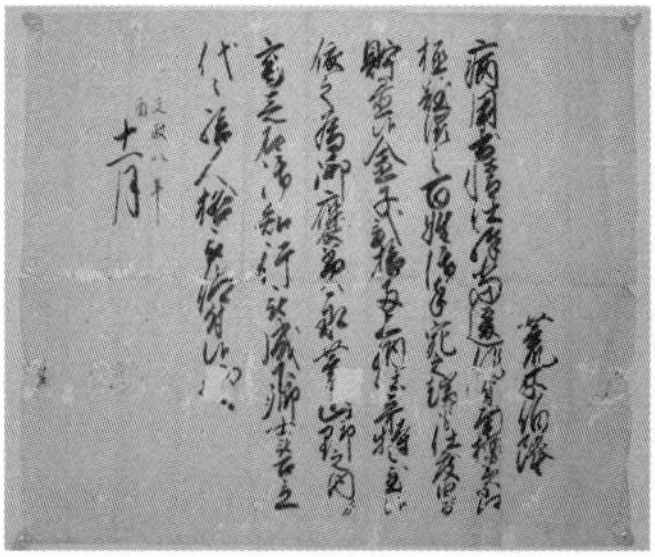

写真17　荒木伯隆が「代々給人格」を付与された知行仰付書

写真16　泉田家初代 荒木伯隆昭成（生没 1782-1837）

八）に「御番医格」となった後、文政八年（一八二五）に藩に御救金二〇両を上納し、知行一石と「代々給人格」を得ています（写真16・17）。近世の泉田家資料には、古文書のほか、伯隆が使用したと思われる甲冑や陣笠、野馬追関連の道具類、医学書や薬箪笥、泉田家で寺子屋を開いていた際に使用したであろう和本類などが残されていました。これらの資料の存在からは、在郷給人という武士身分にとどまらない、近世泉田家の多様なあり方がみえてきます。

一方、近代資料には、旧請戸村の村会議員関係資料や、大正年間の諏訪神社改築に関する資料といった、地域の歩みを語りうる資料が確認できました。そのなかで注目されるのは、大正五〜一五年の請戸村議会関係資料の存在です。前述したように、旧請戸村の行政文書は津波によって流出し、旧長塚村の行政文書は焼却処分とされたため、双葉町役場には合併以前の旧町村関係資料がほとんど残されていません。しかし、泉田家のように近代に村会議員を務めた個人宅には資料が残されている場合があり、個人所蔵資料から合併以前の村の歩みを復元できる余地は十分にあります。実際、二〇一四年三月に私が資料レスキューをした双葉町大字渋川地区の廣田家には、当主が明治以降に旧長塚村大字渋川の組頭を務めた際の資料や、大正年間に長塚村村会議員を務めた資料が多数残されていました。廣田家文書からは、西村慎太郎氏の目録整理によって一二〇〇点以上の存在が確認され、明治二七年(一八九四)の渋川地区の様相が復元されております(10)。

泉田家資料・廣田家文書は、いずれも町史編纂にかかる資料調査の対象にはなっていません。また、二〇一二年に私が資料調査をおこなった大熊町野上地区の佐藤家文書も町史編纂時には未調査の資料群でした(写真18)。おそらく原発事故被災地には行政未把握の個人所蔵資料や、所蔵者ですら存在を認知していない資料がまだまだ眠っていることでしょう。それらが家屋の解体除染に伴って、母屋や土蔵内に残されたまま、人知れず消滅してしまうということが、この地域特有の課題として挙げられます。『双葉町史』の課題を乗り越えるためにも、個人所蔵資料あるいは未指定文化財を救出・保全していくことが、当該地域の歴史を継承するためには不可欠です。

写真18　大熊町佐藤家文書。正徳元年(1711)の知行宛行状ほか、未調査資料を11点確認。

3　聞き取り調査とフィールドワークから

泉田家資料レスキューのほか、私は両竹地区に関する資料保全活動として、地区住民から歴史や文化に関する聞き取り調査をおこなっています。地域コミュニティの崩壊に伴って消滅の危機にある「地域の記憶」を「記録」化しなければならないという問題意識から、二〇一二年一〇月以降、双葉町・浪江町の両竹住民の避難先（福島県内では福島市・郡山市、県外では埼玉県・東京都など）に足を運び、両竹地区に関わる無形の情報を収集してきました。ここでは、聞き取り調査および現地調査の成果と文献史料とを組み合わせることによって、両竹地区に積み重ねられてきた歴史の痕跡を提示してみたいと思います。

両竹地区の歴史を考える上で非常に示唆的な資料が、泉田家資料に残されていました。それは、曾祖父・泉田昇が大学ノートに筆写した「両竹区長相伝文書」です。この資料は、奥書によれば両竹区長が代々相伝してきた文書を仲禅寺の住職・志賀顕龍氏が筆写し、それを曽祖父が借用して昭和四三年（一九六八）に書き写した経緯が判明します。内容は、江戸時代の両竹村に関する地名、当時の各小字の戸数（給人、郷士、百姓、山伏にわけて記載）、寺社の由緒などが記されており、いわゆる『奥相志』に類する地誌と位置づけられそうです。原本は津波で流出しているため、後世に書き写されたものとはいえ非常に貴重な資料だといえるでしょう。この資料を用いながら、聞き取り調査で得た情報を相対化して捉え直してみたいと思います。

まずは、江戸時代の両竹村に存在した龍淵寺とその境内に残された墓石群について取り上げます。聞き取り調査をしているなかで、複数の住民から「昔、お墓の横の林（地元では「グンジヤシキ」と呼ばれている場所）には五輪塔があった。しかし、気がついたらいつのまにかなくなってしまっていた。おそらく盗まれて売られてしまったのだろう」という話を聞くことができました。この場所を「双葉町文化財分布図」(11)からみてみると、「竜円寺」という江戸時代の社寺跡として登録されていることが確認できます。『双葉町史』から龍淵寺について調べてみると、宗派が曹洞宗大源派であったこと、相馬家から知行五石を与えられたこと、明治初期に寺沢仲禅寺に合併されたこと、現在境内が杉林になっていることがわかりました。

写真 19　龍淵寺跡の土砂に埋もれた墓石
(2015.01.18)

そこで、一時帰宅の機会を利用して実際に現地に足を運んでみたところ、境内跡からバラバラになった状態の五輪塔や、倒れた墓石をいくつかみつけることができました。墓石の多くは、草や土砂に埋もれており、地表にはほとんど出ていない状態でした（写真19）。そのため、「気がついたらいつのまにかなくなってしまっていた」というような住民の認識が生まれたものと思われます。数回の一時帰宅のなかで、父親と一緒に墓石周辺を掘り起こしながら、境内全体の状況を把握するようにしてみました（写真20・21）。そうした結果、境内跡には延宝三年

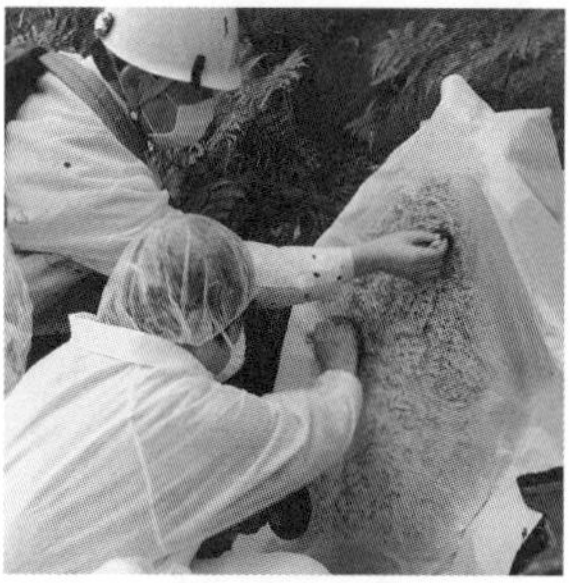

写真 21　発見した墓石は父の力を借り、拓本採取を実施した（2016.05.05）

写真 20　堆積した土砂を除き、2 基の墓石と五輪塔の一部を発見（2017.03.12）

（一六七五）・天和二年（一六八二）・元禄一五年（一七〇二）・享保八年（一七二三）などの紀年銘が確認できる墓石が六基、崩れてバラバラになっている五輪塔が二基分存在することが判明しました。そのうち二基が二メートルほどの大きさを持つ墓石で、一つは延宝三年七月廿四日付の「□山宗亜大禅定門／泉田内匠胤連」、もう一つは元禄一五年七月廿四日付の「弓月院示光釋現居士／泉田雪斎胤清」という人物のものでした。

　ただし、『双葉町史』には龍淵寺の由緒に関する情報は記されておらず、龍淵寺と泉田氏との関係は詳らかではありません。そこで注目したいのが、「両竹区長相伝文書」と元禄一三年に作成された『東奥標葉記』に記された情報です。

【史料三】両竹区長相伝文書写

　禅宗同慶寺末　寶珠山龍淵寺（中略）

　そもそも當山開山につき、小高山同慶寺十二世観庵正達大和尚、元和七（一六二一）辛酉泉田掃部御菩提所にて御先祖より代々の御位牌あり、文政八（一八二五）乙年鴻草村高徳寺全焼になり、御本尊

一躰を相移し申候、

【史料四】『東奥標葉記』(12)

然るに胤清早世なり、（中略）男子泉田掃部此時二歳なり、（中略）胤清後室は泉胤政の妹なり、二歳の男子を具して江井村に蟄居す、（中略）掃部三歳の時、相共に太守義胤へ謁し奉る、先祖忠義により本領安堵して御一家に准ぜられて以来代々相続す、しかるに亡父胤清に至り、掃部幼少たりとも捨て置かるるところ面目なき次第哀れなり、先規の如く御一家に加えられ本領を給いたき旨、直訴にこれを申す、太守聞召し、標葉郡両竹村を分けられ、これを給う、高七百七十石余なり、故に両竹の館に移す、泉田掃部胤隆、法名剛岩これなり、祈願所は大聖寺、昔より家の願寺は神宮寺・寿性寺・知命寺此三ヶ寺なり、菩提所は龍淵寺、（中略）しかる後、胤隆は両竹を去り、中村城下に移し、長子泉田掃部胤清入道而号雲[雪]齊、嫡子泉田内匠胤連家督を受くといえども中年にして卒す、故に二男主殿胤治、兄の遺跡を継ぐ、後に不立軒と号す、真子泉田掃部胤冬相続す、しかるに相馬の一家なり、

これによれば、龍淵寺は同慶寺第一二世の観庵正達によって元和七年（一六二一）に開山されたこと、泉田掃部の菩提寺として機能し、代々の位牌が置かれていたことが判明します。泉田掃部とは、【史料四】にあるように相馬氏「一家」の泉田掃部胤隆のことです。『東奥標葉記』には、胤清後室の直訴により、胤隆が相馬義胤から両竹村に七七〇石余の知行を与えられ、両竹館に移住し

写真 22　両竹館（実線範囲）周辺の城館関連地名
（2500 分の 1「IX-EG 56-3　双葉町図」を基に作成）

たこと、泉田氏の菩提所が龍淵寺であることなどが記されています。成人した胤隆は両竹から中村城下に移住しますが、泉田氏の家督は雪斎入道を称した掃部胤清（胤隆の長子）、内匠胤連（胤清の嫡子）と継承されたようで、墓石の人物と龍淵寺とのつながりもみえてきます。すなわち、龍淵寺は泉田氏の菩提寺として江戸時代に開山され、相馬氏「一家」の泉田氏が両竹村を離れた後も菩提寺として機能していたことが文献調査と現地調査の成果から裏付けられたといえるでしょう。

また、泉田氏が居城とした両竹館跡は、江戸時代には「古城」と認識されていたことが両竹区長相伝文書写からうかがえます。この周辺には、聞き取り調査から城館関連地名が現在まで伝えられてきたことも確認できました。両竹館跡の南側の集落は「タテ（館）」、龍淵寺跡周辺の集落は「トジョウ（登城）」と呼ばれており、両竹館跡東側には小字として「的場」、周辺住民の名字には「舘下」などが伝えられています。「タテ」と呼ばれた地区は、泉田家資料から文久二年（一八六二）に「両竹館下」、昭和七年（一九三二）に「請戸村両竹たての内」と呼ばれていたことも判明しています。つまり、少なくとも中世城館が築かれてから四〇〇年もの間、両竹の住民は「タテ」などの中世城館に由来する地名を使用し、当たり前に現代まで伝えてきたのです。

両竹館跡を現地調査から確認してみると、現在も土塁や堀といった中世城館の縄張をみることができます。しかし、両竹館跡に積み重ねられてきた歴史は中世に限ったものではありません。館の築かれた両竹山の山裾には古代の横穴墓がいくつか確認できますし、館の平坦地には江戸時代になると真言宗寺院・円通寺や熊野神社が建てられました。明治以降、熊野神社は諏訪神社と開運稲荷神社と合祀され、諏訪神社に姿を変えましたが、住民は諏訪神社を「オクマンサマ」（熊野神社＝オクマサマが転化したものと思われる）と呼び親しんできました。そして東日本大震災の際には、諏訪神社の境内には

写真 23　本殿が倒壊し、拝殿のみとなった諏訪神社。2014 年 1 月に一時帰宅をした際には既に倒壊していた（2013.03.10）

写真 24　諏訪神社の脇には、震災当日に住民が暖を取った痕跡が残されていた（2014.01.02）

津波から逃れてきた住民が避難し、震災の記憶を伝える象徴的な場所にもなりました（写真23・24）。

このように両竹館跡には、古代から震災後の現在に至るまで人々の生活の記憶が積み重ねられていました。「タテ」という俗称地名や、「オクマンサマ」という諏訪神社の呼び名は、過去の営みによって発生した呼称が住民の日常生活と結びつくことで、世代を超えて現在まで引き継がれてきた「地域の記憶」といえるでしょう。その土地ごとに積み重ねられてきた「地域の記憶」は、両竹地区に限らず、どこの地域においても当たり前に存在します。しかし身近に存在するからこそ、わざわざ記録として残されることはほとんどありません。『双葉町史』民俗編の課題として、「生活者の「なまの声」が反映されていない」ことが挙げられていましたが、民俗に関する無形の情報は、住民の日常生活が失われてしまえばたちまち霧散してしまい、その継承は非常に困難になります。

「地域の記憶」を記録することは、そこで生活を営んできた人々の歩みを後世に伝えるとともに、自分たちの生活してきた土地の「地域らしさ」を捉え直すことになるはずです。人々が地域から切り離された現状だからこそ、自分たちの生活してきた場所がどのような歴史的・地理的環境から成り立っていたのかを改めて見つめ直し、自己のアイデンティティを確かめることが必要であるように思います。

おわりに

震災後、私が取り組んできた「地域の記憶」を記録する取り組みは、記録を残すこと自体が主目的ではありません。活動で得た情報を地域住民に還元していくことで、次の世代に「記憶」を継承していくことが重要であると考えています。

両竹地区では、活動で得た成果をまとめた本を出版し、両竹地区の住民全戸に無料配布するプロジェクトを実施しています。西村慎太郎氏と彼自身が代表を務めるNPO法人歴史資料継承機構じゃんぴん（私自身も当会の会員である）がおこなっているもので、朝日新聞のA－portクラウドファンディングにて「東日本大震災と原発事故で失われつつある福島県双葉町両竹の歴史と文化を承継したい！」という企画を立ち上げました(13)。このプロジェクトでは、両竹の歴史を後世に伝えるため、①両竹の歴史に関する本を出版し、両竹地区全戸に無料配布すること、②両竹の歴史と文化を共有・継承するための地域住民との懇談会開催することを目的に掲げています。具体的には、二〇一八年度から一〇年計画で、『両竹の歴史と文化（仮）』という本を年間一冊のペースで刊行し、年に一度開かれる大字両竹地区の総会の場にて成果報告会を開催する計画です。二〇一八年四月からは、双葉町民に無料配布されているタブレット端末を利用し、「ふるさと自由広場」という大字ごとに設けられている住民専用の掲示板を介して、月に二回「もろたけ歴史通信」を配信し、住民に活動成果を直接届ける取り組みを始めています。

大字単位の歴史を継承する取り組みは、浪江町請戸地区でも実施しています。請戸地区では、地区住民が「大字請戸の歴史を残したい」との想いから大字誌の編纂プロジェクトを立ち上げ、地域住民が執筆する郷愁編、歴史研究者が執筆する歴史編から構成される一冊の本を刊行しました(14)。私も歴史編・中世の執筆者として参加しています。請戸地区は、津波で全四〇六世帯が全壊流出し、震災後に移転促進区域に指定されたため、住民が元の居住地に戻ることができなくなりました。さらに浪江町請戸から双葉町中野・中浜地区にかけて東西幅二〇〇メートル・南北長さ四・七キロメートルの防災林が整備されることが決まり、住民の思い出の痕跡ですら目に見えるカタチでなくなろうとしています。そういった状況にあって、住民自らが心の拠り所として「ふるさとを記録として残す」動きを始めたのでした。『大字請戸誌』に関しては、住民向けの成果報告会という意味も込めて、二〇一八年一〇月一三日に宮城県仙台市のせんだいメディアテークにて、シンポジウム「福島県浜通りの歴史と文化の継承―『大字誌ふるさと請戸』という方法―」(西村慎太郎氏の企画であり、人間文化研究機構広領域型基幹研究プロジェクト国文学研究資料館ユニット「人命環境アーカイブズの過去・現在・未来に関する双方向的研究」シンポジウムでもあった)を開催しました。会場には請戸や両竹出身の地元住民を始め、一四三人の来場者を得ることができ、シンポジウム自体が地元住民の再会や、地元住民と研究者が交流する場として機能するとともに、五人の執筆者の報告による「請戸の魅力」発信の場になりました。

これらのプロジェクトのように、住民が地域から強制的に切り離された状況にありながらも、地域の歴史・文化を次世代につなげることを実現すべく、住民に向けて活動成果を恒常的かつ継続的に発信していく取り組みを進めています。

私が関わっているのは両竹地区と請戸地区のプロジェクトですが、原発事故被災地では住民主体で大字規模の歴史を残す取り組みが徐々に広がりをみせています。例えば、浪江町棚塩地区・赤宇木地区、双葉町羽鳥地区では地区住民によって震災記録誌が発行されています(15)。また、大熊町小入野地区では住民が個人的に地区内の海渡神社と日暮山との関係を考察した本を自費出版し(16)、浪江町請戸地区では請戸出身の個人によって請戸の思い出をまとめた本が出版されました(17)。そのほか、浪江町に本社を置くウエダ建設では、明治一五年(一八一八)の創業以来、「植田家が関わった建造物の現状と私どもの歴史を包括し、3・11大震災・原発事故を後生に伝えようと意図した」社史(写真集)を出版しています(18)。

いずれも住民自らが地域の歩んできた歴史と震災の記憶を本として記録に残し、後世に伝えることを意図したものです。このような住民主体の動きは今後ますます活発化していくように思います。こうした動きを自治体や歴史学・民俗学研究者がどのように支援していくのか、今後の原発事故被災地の歴史・文化を後世につなぐ上で重要な課題になるでしょう。

ローカルな、大字の歴史を紐解くことは、何も一地域の歴史を明らかにすることのみに収斂する取り組みではありません。ローカルな視点から大局を見据えることで、グローバルな視点から「地域らしさ」を捉えることができるはずです。大字の歴史を明らかにすることでようやく町の全体像がみえてくるのであって、その集積があって初めて双葉郡や浜通り地方、そして福島県全体の歩みがみえてくるものと考えます。

原発事故以降、当該地域は原発事故と震災を起点に地域像が語られがちな傾向があります。しかし、原発が立地してから事故が起こるまでの出来事は、あくまで当該地域の歴史経過の一断面にすぎないのです。歴史資料を保全し、住民一人ひとりの歩みや「地域の記憶」を記録することは、より広い視野から当該地域の歴史像を捉え直すとともに、原発事故や震災のみに収斂しない、自分たちのアイデンティティを確かめる上でも重要な意義を有しているように思います。

注

(1)　泉田邦彦「茨城史料ネットのレスキュー活動―学生・被災者の視点から―」(『神奈川地域史研究』三〇、二〇一三年)。

(2)　泉田邦彦「警戒区域における「地域の記憶」継承の取り組み―双葉町泉田家を事例に―」(阿部浩一・福島大学うつくしまふくしま未来支援センター編『ふくしま再生と歴史・文化遺産』山川出版社、二〇一三年)、同「福島県における茨城史料ネットの資料保全活動」(『歴史評論』七六三、二〇一三年)、同「震災から三年を経た警戒区域のいま―被災した地域と歴史資料のゆくえ―」(『南伊豆を知ろう会』一、NPO法人歴史資料継承機構じゃんぴん、二〇一四年)。

(3)　『大字誌　ふるさと請戸』蕃山房、二〇一八年。なお、大字誌編纂の詳細については、泉田邦彦「「地域の記憶」を記録する―浪江町請戸地区における大字誌編纂の取り組み―」(西村慎太郎編『新しい

(4) 地域文化研究の可能性を求めて』五、人間文化研究機構広領域連携型基幹研究プロジェクト「日本列島における地域社会変貌・災害からの地域文化の再構築」、二〇一八年)を参照されたい。活動の詳細については、吉野高光「東日本大震災に係る避難所関係資料の保全について—双葉町役場埼玉支所及び旧騎西高校避難所の作業から—」(『災害・復興と資料』三、新潟大学災害・復興科学研究所危機管理・災害復興分野、二〇一四年)、白井哲哉「福島県双葉町役場が保有する東日本大震災関連資料の保全について」(『記録と史料』二四、二〇一四年)、同「原子力災害被災地における民間アーカイブズ救出・保全の活動—福島県双葉町における実践から—」(『国文学研究資料館紀要 アーカイブズ研究篇』一四、二〇一八年。以下[白井二〇一八A])、同「被災の記憶と資料を未来へ伝える試み—双葉町の震災資料保全活動—」(西村慎太郎編『新しい地域文化研究の可能性を求めて』五、二〇一八年。以下[白井二〇一八B])、西村慎太郎「人命環境アーカイブズの地平—福島県双葉町における保全活動と地域持続—」(『国文研ニューズ』四六、二〇一六年)などを参照されたい。なお、白井氏の論文は、白井哲哉『災害アーカイブ』(東京堂出版、二〇一九年四月)に収録されたので併せて参照のこと。

(5) 以下の記述は、『双葉町復興まちづくり長期ビジョン 概要版』(双葉町、二〇一五年)、『双葉町復興まちづくり計画(第二次)』(双葉町、二〇一六年)、『双葉町東日本大震災記録誌』(双葉町、二〇一七年)などを基にしている。

(6) なお白井哲哉氏は、双葉町民および町役場の民間アーカイブズに対する認識不足の要因として、双葉町において古文書講座や歴史講座が開催されず、郷土史家と呼べる人材もほぼ存在しなかったこと、町役場や町民が民間アーカイブズの存在や意義を知る機会がなく、「〃郷土史の不在〃というべき状況」が数十年間存在したことを指摘し、今後の町民への普及活動の重要性を提起している(前掲註(4)[白井二〇一八A]参照)。

(7) 『双葉町史 第四巻 近代・現代資料編』双葉町、一九八九年。

(8)『双葉町史 第五巻 民俗編』双葉町、二〇〇二年。

(9) 泉田家資料については、前掲註(2)泉田諸論文のほか、西村慎太郎「東日本大震災で被災した医学書と近世在村医―福島県双葉町泉田家文書の世界―」(『国文研ニューズ』四二、二〇一六年)、同「救出した歴史資料の射程―福島県浜通りから未来へ―」(西村慎太郎編『新しい地域文化研究の可能性を求めて』五、二〇一八年)を参照のこと。

(10) 廣田家資料については、西村慎太郎「明治二七年の長塚村大字渋川の人びと―原発事故帰還困難区域の歴史資料を読む―」(『国文研ニューズ』五〇、二〇一八年)、前掲註(9)[西村二〇一八]を参照されたい。

(11)「双葉町文化財分布図」双葉町教育委員会、二〇一〇年三月作成。

(12) 引用にあたっては、『岩磐史料叢書』下(歴史図書社、一九七二年)収録のものを参照し、該当部分を読み下し文に改めた。

(13) 朝日新聞A‐portクラウドファンディング「東日本大震災と原発事故で失われつつある福島県双葉町両竹の歴史と文化を承継したい!」HP(https://a-port.asahi.com/projects/morotake-jumping/)を参照のこと。クラウドファンディング自体は、二〇一七年一〇月六日~二〇一八年二月六日の期間で六六万円(調査経費一五万円、『両竹の歴史と文化』vol.1出版費(編集費含む)一五万円、調査したデータの整理謝金九万円、地域懇談会開催費(三回分)六万円、発送費七万円、雑費一四万円)を目標に資金集めをおこない、最終的に八四万六〇〇〇円の支援を得ている。今後、この資金を基に活動を継続していくことになるが、当クラウドファンディングの活動報告は、右記のHPのほか、NPO法人歴史資料継承機構じゃんぴんHP(http://rekishishiryo.com/)にて随時公表している。ぜひ参照されたい。

(14) 前掲註(3)参照。請戸における大字誌編纂には、私を含め五人の研究者(天野真志・井上拓巳・西村慎太郎・松下正和の各氏)が参加し、このメンバーで歴史編の執筆を担当した。歴史編は全体の分量の約五割程度を占めているが、残りの五割は地元・請戸の住民によるものである。本を刊行する上で大きな原動力になっていたのは、やはり請戸の住民のふるさとに対する熱い想いであったように思う。とくに請戸の歴史を残したい、より良い本を住民に届けたいという想いから、住民・歴史編執筆者・出版社（蕃山房・只野俊裕氏）との間を奔走した、大字請戸誌刊行委員会の紺野廣光氏がキーパーソンの役割を為したことが大きい。筆者は大字請戸誌の編纂を通じて、地元住民のふるさとに対する熱い想いが、地域の歴史を後世につないでいくには非常に重要であることを改めて痛感した。

(15) 木幡輝秋編『浪江町棚塩の記録―鎮守 貴布祢神社を中心として―』（私家版、二〇一三年）、赤宇木地区記録誌作成実行委員会『赤宇木地区記録誌 百年後の子孫たちへ』、『双葉町上羽鳥地区記録誌 ふるさとの灯りは消えず…想いを未来に託して』など。

(16) 鎌田清衛『日隠山に日は沈む』（自費出版、二〇一四年）、同『残しておきたい大熊町のはなし』（歴史春秋社、二〇一六年）。

(17) 鈴木良子『請戸村の語り部』東銀座出版社、二〇一七年。

(18) ウエダ建設社史編纂室編『寿辞 大工・植田家と浪江町の歩み』株式会社ウエダ建設、二〇一四年。

［付記］

二〇一九年三月現在、震災から八年を経ようとしている双葉町周辺の状況を補足しておきたい。双葉町では復興まちづくり計画を踏まえて、避難指示解除準備区域に「新たな産業・雇用の場」の創出として復興産業拠点の整理をおこなうとともに、ＪＲ双葉駅を中心とする町内の低線量区域の住環境確保と交通インフラの整備（二〇一九年度末のＪＲ常磐線全線開通ほか）を進めている。両竹地区の再エネ発電拠点には太陽光パネルが設置され、両竹・中野・中浜地区の沿岸部には請戸川河口から郡山海岸に至るまでの南北四・七キロメートルにわたる防潮堤と防災林が築かれ、震災以前の風景をすぐに思い起こすことが難しく感じるほど、景観の変化が著しい。また、二〇二〇年の東京オリンピックに向けて、両竹・中浜地区では復興祈念公園の整備計画、中野地区ではアーカイブ拠点施設建設が進むが、当該地域の歴史的な積み重ねがどれほど考慮されたものになるのかは気にかかる。復興祈念公園エリアにかかる両竹山は中世城館・両竹館跡であり、中野地区のアーカイブ拠点施設と「復興シンボル軸」(アーカイブ拠点施設を含む双葉町の復興産業拠点と常磐自動車道(仮称)双葉インターチェンジをつなぐ道)が整備される田圃一帯は古代の条里制遺構である。本稿で述べてきたように、当該地域には震災以前から積み重ねられてきた歴史が存在したのであり、それらを捨象して「震災」のみから地域を語ったり、「復興」を発信したりするのではなく、「地域の記憶」を踏まえた継承の在り方を考えていく必要があるだろう。

写真 25　両竹地区の東方面。再エネ発電拠点として太陽光パネルが設置された(2019.02.09)

写真 26　両竹地区の西方面(2019.02.09)

3 活用なくして保存なし

――大学の研究者と地域の歴史資料――

高橋　陽一

はじめに

1　日本史資料センター問題

私は長年にわたり若い研究者や学生と共に各地の史料調査を行なってきました。史料は全部現地で処理し、一点も持ち出さず、史料目録を必ず作り所蔵家や関係者にお礼の意味で差上げるというようなことを厳しく守ってきました。また市町村当局には史料の重大性を説き後事を依頼してきました。（中略）私の言いたいのは、地方文書（含近代）の保存・利用は市町村や府県が中心になって行なうべきだ、ということです。（中略）史料保存・利用のための機関ができることそれ自体はまことに結構なことです。しかし、目先の小さな利害にとらわれては百年の計を誤ることになります。

これは、一九六五年四月の「日本史史料の保存・利用はいかにあるべきか―「日本史資料センター」問題アンケート回答―」(1)に寄せられた、木村礎氏の意見です。木村氏は言わずと知れた近世村落史研究の泰斗で、日本史資料センター設立反対運動の中心的人物でした。意見書からは地域で地道に史料調査をおこなってきた氏の歴史研究者としての自負が表明されていますが、裏を返せば、日本史資料センターはこうした氏が理想とする史料調査や自治体中心の史料保存体制にとって有害だとみなされていたことになります。

一九六四年、京都大学・大阪大学・東北大学らが相次いで「資料センター案」を日本学術会議に提出しました。これは、旧帝大系大学が関西地区・東北地区といった地区ごとに資料センターを設立しようとする案で、通称「ブロック・センター案」と呼ばれていました。史料の保存・利用のためを謳ったこの計画ですが、各大学の動きが明るみに出るや否や、歴史系学会を中心に猛然と反対運動が巻き起こります。資料センター案の立案・審議過程が非公開で民主的でないこと、ブロック・センター案が史料の公開や平等利用の機会を奪い、研究の民主化を阻害する恐れがあること、さらに同案が中央集権的体制の所産であり、地方自治体による史料保存の推進を妨げるものであること、が主要な反対理由でした(2)。均等な史料利用機会の喪失という見方が出てくるのは、ブロック・センター案が一部の研究者を利することになるだけの独善的・閉鎖的プランだと認識されていたからです(3)。旧帝大系大学が各地の史料を「囲ってしまう」ことへの懸念が反対運動の原動力であり、地方の公的機関による史料保存実現の推進力になっていったといってもよいでしょう。歴史学界にとって、史料保存を中心的に担うべきは大学ではなく自治体でなければなりませんでした。ちなみに、この資料センター構想を最も「明確な形」で進めていたのは、東北大学だったといわれています(4)。

結局、一九六五年のうちに資料センター案は廃案に追い込まれました(5)。しかし、史料の保存と利用をめぐって全国的な議論を巻き起こした一連の日本史資料センター問題は、戦後の史料保存運動の一つのピークであると評価され、反対運動の結果、史料の全面公開・平等利用・現地保存といった諸原則が確立されたとされています(6)。その後、史料保存運動は、日本学術会議の「歴史資料保存法の制定について（勧告）」の採択へとつながり、都道府県レベルでの文書館設立の動きが本格化することになりました。

2　震災後の歴史資料レスキュー

以上のような史料保存運動で展開されたのは、利用者が大学の研究者であれ他の民間人であれ、主に研究での史料利用を想定した議論でした。この議論の方向性を大きく転換させるきっかけとなったのが、一九九五年に発生した阪神・淡路大震災です。巨大な自然災害がもたらした建造物への甚大な被害により、研究利用に資されるかどうかを問わず、古文書などの大量の民間歴史資料のレスキューが要請されることになったのです。震災後に立ち上げられた歴史資料ネットワークの代表委員である奥村弘氏は、日本の災害史上はじめて地域の歴史資料の保全を歴史研究者・大学院生・学芸員・地域の歴史研究者らが組織的に展開した点で、震災時の歴史資料ネットワークの活動は重要な意味を持ったと述べています(7)。大学の研究者が、研究利用以外の目的で不特定多数の歴史資料と向き合ったことは、史料保存運動史においても大きな意義を有しているといえるでしょう。

では、研究利用されるのではないとするならば、震災後にレスキューされた歴史資料はただ保存されるだけなのでしょうか。そうではありません。「利用を前提として保存すべき」という考え方はかねてから示されています[8]が、被災地の歴史資料に関してもそれは同様です。阪神・淡路大震災、さらには東日本大震災においても、レスキューした古文書が、出版物・展示・講演会・古文書講座等で活用され、その内容が公開されています[9]。被災地の復興を考える指針（まちの再生の基本）とする、災害の記憶を過去から未来へと引き継ぎ、災害に強い文化（災害文化）を形成できる、といった活用の目的が挙げられています[10]。地域の出来事が記された、他に代えのきかない、「地域歴史遺産」[11]と呼ばれるような古文書にはとくにそのような役割が期待されるのです。

ただ、歴史資料活用の取り組みは、古文書に関しては未だ不十分です。奥村氏は、現在でも文献史料については埋蔵文化財の現地見学会に比するものがおこなわれることはほとんどなく、歴史研究者が市民と歴史資料の価値について意識的に共有していく姿勢はなお弱いと述べています[12]。頻発する自然災害は歴史資料の保全に対する歴史研究者の意識を高め、災害が起こるや否や各地で積極的な活動が展開し、膨大な歴史資料がレスキューされました。それをいかに活用していくかについては、今後も創意工夫が重ねられなければなりません。とくにこれまでの事例報告のなかでは、一つの家の文書をめぐる長期的な活動に関するものが乏しく、一件の文書群の活用例を詳細に報告することは地域歴史資料学上においても、さらには史料保存運動史上においても、有意義ではないかと思います。

本稿では、以上のような歴史資料と歴史研究者の関係史を念頭に、宮城県柴田郡川崎町の青根温泉・佐藤仁右衛門《にえもん》家文書の約五年間にわたる活用例を紹介し、試行錯誤から得られた歴史資料活用の新たな意味と歴史研究者の役割について述べてみます。

なお、行論にあたって、用語の使用方法に関していくつかお断りしておきます。まず、「保全」と「保存」について。「保全」が存続の危ぶまれているものを保護して安全な状態に移行させるニュアンスを持つのに対し、「保存」は今あるものをそのままの状態に保つことを意味しており、被災した歴史資料に対しては「保全」が一般に使用されます。ただ、本稿では、緊急的な措置や調査を終えた古文書を活用し、長期伝存につなげていく取り組みを論じるため、主として「保存」を使用することになります。また、史料の使用に対しては「利用」と「活用」という用語がありますが、「利用」には目的を達成するための便宜的手段としての使用というニュアンスも含まれるため、本稿で研究以外の史料の使用に言及する際には「活用」を用いることにします。

一．佐藤仁右衛門家と古文書

1　青根温泉佐藤仁右衛門家

宮城県柴田郡川崎町は仙台市の西方約三〇キロメートルに位置する、人口約九〇〇〇人の町です。佐藤家は、蔵王山に近い町内の青根温泉（江戸時代は柴田郡前川村に所属）で温泉旅館「湯元　不忘閣」を経営しています。青根温泉は仙台から車で約一時間で行くことができ、蔵王山麓の秘湯的温泉として人気を博しています。

佐藤家の先祖は、寛正年間（一四六〇―一四六五）まで前川村の八沢屋敷に居住しており、八澤（矢澤）豊後を名乗る武士でした。その後、この地域を治めた砂金家の家老職を数代にわたって務め、その間に佐藤掃部と改名し、掃部の次男が天文年間（一五三二―一五五四）に青根へ移住したとされています。「仁右衛門」は、歴代の当主が江戸時代以来名乗ってきた通称です。青根温泉は佐藤家らによって天文一五年（一五四六）に発見されたとされ、伊達吉村ら歴代の仙台藩主四名が計一四度入湯に訪れています（写真2は江戸時代の青根温泉絵図）。佐藤家は湯守として温泉の管理にあたりつつ、遅くとも一七世紀から今日に至るまで温泉旅館を営んできました[13]。大正時代には川崎村の村長も輩出しています。

佐藤家の離れの御殿（昭和初期の建築）をはじめとする建物の一部は、国の有形文化財に登録され

写真1　佐藤仁右衛門家（湯元　不忘閣）正面入口

写真2　佐藤家文書『奥州仙台領青根温泉之図』（複製）

写真3　御殿

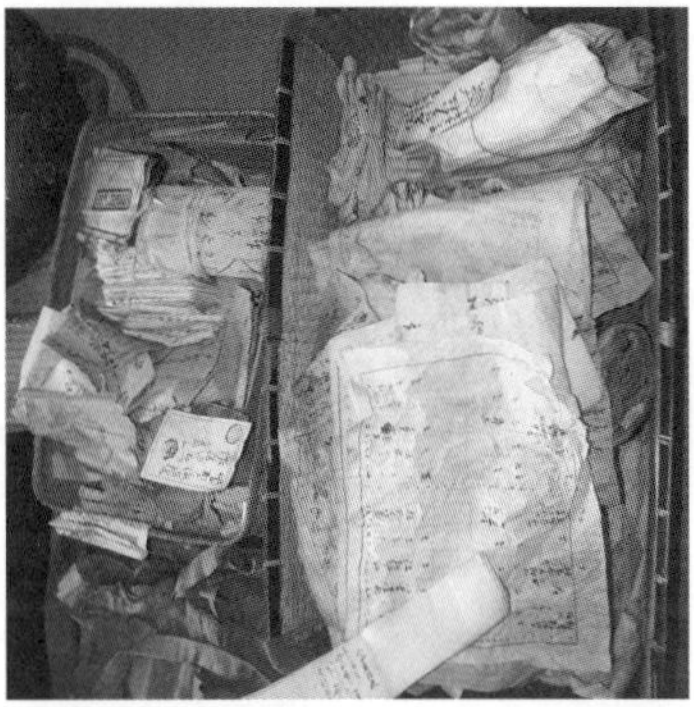

写真4　佐藤家文書（2012年の第一次調査時）

ています。東日本大震災による建物の被害は少なかったのですが、宿泊客は一時減少しました。また、二〇一五年には近隣の蔵王山の火山活動をめぐる風評被害を受け、やはり宿泊客が減少しています。

2　佐藤仁右衛門家文書

佐藤仁右衛門家文書は佐藤家の御殿と土蔵に収蔵されていました。古文書の調査は、川崎町の文化財保護委員からNPO法人宮城歴史資料保全ネットワーク（通称「宮城資料ネット」）に寄せられた相談がきっかけとなっています。平成二四年（二〇一二）五月に、宮城資料ネットの事務局スタッフや筆者（東北大学東北アジア研究センター上廣歴史資料学研究部門）らが訪問し、御殿に展示・保管されている古文書の所在状況を確認したところ、部分的に文書の虫損や湿気による剥離がみられたため、永続的な保存の観点から、保全活動を実施することになったのです（第一次調査）。

最初の活動は、デジタルカメラで古文書を撮影し、それを長期保管用の中性紙封筒に詰める作業で、五月・六月・八月の三度にわたっておこなわれました。その後、筆者が学生の協力を得ながら古文書の目録を作成した結果、その総点数は約二〇〇〇点に上ること、江戸時代初頭以降の幅広い年代にまたがって史料が残存していることが判明しました。佐藤家文書の内容的特徴については、次の三点が指摘できます。

一点目は、仙台藩主および藩首脳との関係を示す文書が含まれていることです。四代藩主伊達綱村の書状や、五代藩主伊達吉村の和歌がまずそれにあたります。吉村は実際に青根温泉を訪れており、佐藤家と親交をもっていました。佐藤家文書には吉村の和歌・俳句が残され[14]、来訪時に温泉内の薬師堂に和歌などが奉納されたことも記録に残っています[15]。さらに、藩政を統括する最高職の奉行（家老）から下された文書として、慶長一七年（一六一二）の『（仙台藩奉行人連署状）』[16]が残されています。

二点目は、日記や用留が含まれていることです。仙台藩の各温泉の歴史は、これまで断片的にしか把握できませんでしたが、青根温泉に関しては、こうした史料により、温泉運営の諸相を長期間にわたり通時的に把握できるのです。とりわけ、一八世紀後半以降の、藩への請願や浴場の普請といった湯守の活動や、飢饉時における湯守と藩・周辺住民との関わりを明らかにできることは仙台藩研究や温泉研究において有意義でしょう。

三点目は、青根温泉・前川村内外の住民との関わりを示す文書が多数含まれていることです。具体的には、金品の取引関係書類や証文類、書簡類です。こうした史料により、温泉宿の日常的な交際範囲や、温泉営業における必需品の入手ルートなどが判明し、温泉の成り立ちはもちろん、川崎町内、および川崎町域と他地域との江戸時代の人的交流関係や物流ネットワークを解明することが可能になります。

以上のように、第一次調査から、佐藤仁右衛門家文書が単に家の歴史を明らかにしうるのみならず、青根温泉や川崎町の歴史を紐解く上で重要な史料であることがわかってきました。それは、地域の宝ともいえる貴重な古文書だったのです。

二、佐藤家文書の活用

1　刊行物

佐藤家文書の豊かな内容と魅力を広く伝えるため、まず企画したのは出版物の刊行でした。古文書八三点の解読文と解題、さらには解読から浮かび上がった佐藤家の交流関係を検討した学術論文を収載した史料集『江戸時代の温泉と交流―陸奥国柴田郡前川村佐藤仁右衛門家文書の世界―』(17)(B5判、二三八頁)を二〇一三年一二月に刊行しました。東北大学東北アジア研究センターより出版助成を受けての発刊でした。さらに、一八三〇年代の天保飢饉後に新たな浴場の開発などを計画し、温泉の活性化を図る佐藤家の動向を描いた『湯けむり復興計画―江戸時代の飢饉を乗り越える―』[18]（A5判、七二頁）を二〇一四年七月に出版しました。

『江戸時代の温泉と交流』は学術図書として刊行されたもので、発行部数は三〇〇部です。非売品ですので、川崎町への献本分以外では、仙台近辺の学術機関でしか閲覧することができません。『湯けむり復興計画』は一般向けに一〇〇〇部発行されました。本体価格八〇〇円と手ごろな値段で、仙台市内の大きな書店で販売されており、じわじわ売れているといった状況です。一、二冊の書籍で古文書の魅力を広範囲に伝えることは容易ではなく、一方が非売品であればなおさらのことです。『湯けむり復興計画』のような一般向けの刊行物をさらに出版していくことが現状の目標ですが、いずれにしても佐藤家文書の価値を多数の人に知ってもらうには、刊行物のみでは不十分だといえるでしょう。

2　講演会

刊行物と同時並行で進めていた計画が、講演会の開催でした。川崎町教育委員会の協力のもとで準備を進め、二〇一四年七月に、役場隣接の川崎町農村開発センターで「川崎のほこり～ふるさとの歴史と文化～」と題した講演会を催すことができました。主催は上廣歴史資料学研究部門・川崎町教育委員会・宮城資料ネットです。佐藤家文書を含め、近年川崎町で進められてきた歴史資料調査の成果を幅広く、わかりやすくお伝えし、郷土の歴史について地元の方々と共に考える機会を持ちたいと考えたことが、開催に至った大きな理由です。

講演では、最初に仙台市史編さん室長（当時）の菅野正道氏に「笹谷街道沿線の戦国志～砂金氏の動向を中心に～」と題し、仙台と山形を結ぶ街道交通の要衝であった川崎の戦国時代の情勢について、講演していただきました。続いて筆者が、「江戸時代の青根温泉―湯守佐藤仁右衛門家の古文書から―」と題して講演しました。佐藤家文書調査の経緯と、古文書の解読から判明した入湯料徴収や温泉税上納、共同浴場の実態といった江戸時代の青根温泉の運営状況を紹介すると共に、佐藤家の交流関係の分析から、江戸時代の温泉がいかにして成り立っていたのか、その一端を明らかにしました。

写真5　講演会
「川崎のほこり～ふるさとの歴史と文化～」

講演会当日は時折小雨の舞う天候でしたが、幸い約二〇〇名の来場者に恵まれました。来場者アンケートを実施したところ、川崎町民の来場者は約三割で、仙台市民が約五割、それ以外の市町村民が約二割を占めるという結果が出ました。地元の一般来場者がもっと多ければ、という思いもありますが、宮城県内各地から来場者を得られたのですから、講演会は佐藤家文書の魅力を広く伝える効果を発揮したといってよいでしょう。一方で、アンケートからは来場者の九割近くが六〇歳以上であることがわかりました。若者の歴史離れが叫ばれる今日ですが、その傾向が如実に表れているともいえます。また、「もっと詳しく知りたい」といった来場者のコメントもありました。大変ありがたい要望ですが、企画者側の用務や講演者の選定、さらには町の行事予定や会場の都合もあり、大規模な講演会は頻繁に開催することができないのが現実です（二〇一八年四月に二度目の講演会を開催）。

講演会は、佐藤家文書に関心を持ってもらう上で一定の効果はあったと考えられます。しかし、幅広い年代の、不特定多数の人にアピールするためには、さらに別のアプローチが必要でした。

3　展示・古文書講座

刊行物や講演会の次に企画したのは、佐藤家文書の展示です。二〇一五年春から準備を進め、六月に完成しました。温泉旅館「湯元　不忘閣」でもある佐藤家の御殿の一室を利用し、ガラスケース三つ分（各三段）のスペースに古文書二〇点を並べ、解説用のアクリルプレートを設置しました。年代は主に江戸時代（一七―一九世紀）で、領主伊達家の来訪歴や飢饉時の住民の対応がわかる古文書、旅館のおもてなしの精神を綴った家訓などを展示し、江戸時代の青根温泉の歩みがわかる内容になっています。

展示古文書の選定や解説文の作成は筆者がおこないましたが、その他の展示実務に関しては、佐藤家、そして川崎町教育委員会と町の文化財保護委員の方々にもご協力いただきました。ガラスケースは旅館の販売コーナーで使用されていなかったものを町の方と協力して御殿まで運び、ケース内の清掃もおこないました。まさに手作りの展示です。毎朝、希望する旅館の宿泊者を女将さんが案内し、展示の見学会（無料）がおこなわれています。温泉入浴と食事にプラスして、新たな旅館滞在の付加価値を提供できたのではないかと考えています。

また、展示を企画した当時、旅館は蔵王山の火山活動による風評被害の影響を受けていました。この展示は、風評被害に悩む地域に少しでも明るい話題を提供したいという思いを抱いての企画でもありました。幸い、宮城県の有力新聞である河北新報社の取材を受けることができ、『河北新報』二〇一五年七月六日の朝刊では、「古文書で浸る青根温泉五〇〇年　不忘閣で展示　客足回復の契機に」という見出しで、展示の内容と風評被害で旅館の宿泊客が減少している現状を報道していただきました。

写真6　古文書の展示

落ち着いた雰囲気でゆったりと過ごすことのできる旅館には、老若男女を問わず宿泊客が訪れます。展示は、二〇一九年三月に一部リニューアルしました。佐藤家文書の魅力と地域の古文書が語る歴史の面白さを世代を越えて多くの人に伝えていければと考えています。

一方、上廣歴史資料学研究部門では、毎年春と秋の二回、東北大学内で一般市民に古文書の解読方法を教える古文書講座を開講してきました。二〇一五年の秋季講座（計八回）では、佐藤家文書をテキストとして使用しました。講座の参加者は毎回約五〇名で、八回の開催でのべ四〇〇人が受講したことになります。講演を聞いたり展示をみたりする受動的な体験のみならず、実際に古文書を読み、そこから直接歴史を知るという能動的な体験を経ることによって、古文書の価値がより深く実感できるのではないかと考えています。とりわけ歴史愛好家の多い仙台市民に身近な地域の歴史を伝えるには、古文書講座は大変効果的でしょう。

(平成27年) 7月6日 (月曜日) 社会 16版 (26)

古文書で浸る青根温泉500年

宮城・川崎 不忘閣で展示

宮城県川崎町青根温泉の老舗旅館「不忘閣」は、館内にあった青根温泉の歴史を紹介する古文書の展示を始めた。仙台藩祖伊達政宗の湯治場として知られているが、文書で実態が明らかになるのは初めて。宮城、山形両県にまたがる蔵王山（蔵王連峰）への火口周辺警報も解除され、温泉関係者は「500年の歴史がある青根に足を運ぶきっかけにしてほしい」と期待する。

江戸時代から明治期にかけての古文書が中心で、NPO法人「宮城歴史資料保全ネットワーク」や東北大東北アジア研究センター上広歴史資料学研究部門の担当者がひもといた。約20点が説明文と一緒に、国の登録有形文化財となった御殿棟に並ぶ。

1612（慶長17）年の「仙台藩奉行人連署状」は最古の文書とみられる。仙台藩領内の温泉税は、青根温泉を管理する湯守が一括して納めたとの記述があり、ほかの温泉地を含め青根の湯守が領内全体を代表していたことが読み取れる。

5代藩主伊達吉村の青根温泉訪問や、「おもてなしの精神を大切にせよ」と温泉経営の教えを記した内容もある。

仙台藩主訪問や湯守の実像 客足回復の契機に

調査した東北大の高橋陽一助教は「青根温泉の歴史の実像が見える貴重な資料だ」と指摘する。

青根温泉は蔵王山から約8㌔。4月13日に発令された火口周辺警報は6月16日に解除されたが、減少した宿泊客の回復には至っていない。不忘閣のおかみ佐藤真由美さんは「古文書につづられた遠い昔に思いをはせながら温泉を楽しんでもらいたい」と話した。

見学は無料。宿泊客以外の見学は事前の連絡が必要。連絡先は不忘閣0224(87)2011。

青根温泉の歴史を記した古文書が並ぶ不忘閣の御殿棟

石巻・雄勝から神奈川へ避難の女性

新幹線放火 犠牲者悼み通夜

写真7　河北新報 2015年7月6日紙面

写真8　古文書講座

三．郷土史サークルの結成と第二次調査

こうした古文書活用の成果は一朝一夕で出るものではありませんが、川崎町では歴史資料をめぐるいくつかの明るい兆候がみられるようになりました。その一つが郷土史サークル「川崎町歴史友の会」（通称「友の会」）の結成です。この会は、二〇一五年一〇月に町内の歴史愛好家有志が集まって発足したグループで、町内の文化活動を盛り上げようとさまざまな取り組みを続けています。メンバーには佐藤家文書の調査や展示に御協力いただいた方も含まれています。佐藤家関連の活動が会の結成に直結したと強弁するつもりはありませんが、町の教育委員会によれば、筆者らが講演会等を企画したことが、地元で文化財の発掘やアピールを試みようとする機運を生み出す大きな要因となり、会の結成につながったとのことでした。

佐藤家文書に関しては、二〇一五年九月から第二次調査を実施しています。これは土蔵内に保管されていた古文書の調査です。最初は土蔵から大広間に古文書を搬出する作業でしたが、宮城資料ネットスタッフや川崎町職員のほか、結成したばかりの友の会の方々も大勢サポートしてくださいました。おかげさまで、収納箱約一二〇箱分の古文書の搬出が一日で滞りなく終了しています。なお、この調査中、軸装の伊達政宗書状を目にすることができました。以前の佐藤家のご当主がコレクトしたものの、所在不明となっていた古文書で、土蔵からの「再発見」という嬉しい誤算でした。

第二次調査で搬出した古文書は、その後約二年間かけてデジタルカメラで写真撮影し、中性紙封

筒・箱に収納しました。概要目録を作成したところ、古文書の年代は明治・大正・昭和が多く、総点数は約二万三〇〇〇点に上りました。第一次調査で確認された江戸時代中心の古文書と合わせると、合計約二万五〇〇〇点の膨大な歴史資料群になります。

古文書の撮影は東北大学と川崎町の公民館でおこないました。従事したのは主に学生・宮城資料ネットスタッフと友の会のみなさんでした。学生のみなさんは筆者の古文書講座にも参加しながら、週に一度のペースで撮影を続け、目録作成にも携わってくれました。解読方法を養いながら古文書の現物に触れ、撮影方法を学んだことになります。将来どのような場所でどのような職業に就いたと

写真 9　佐藤家文書（2015 年の第二次調査時）

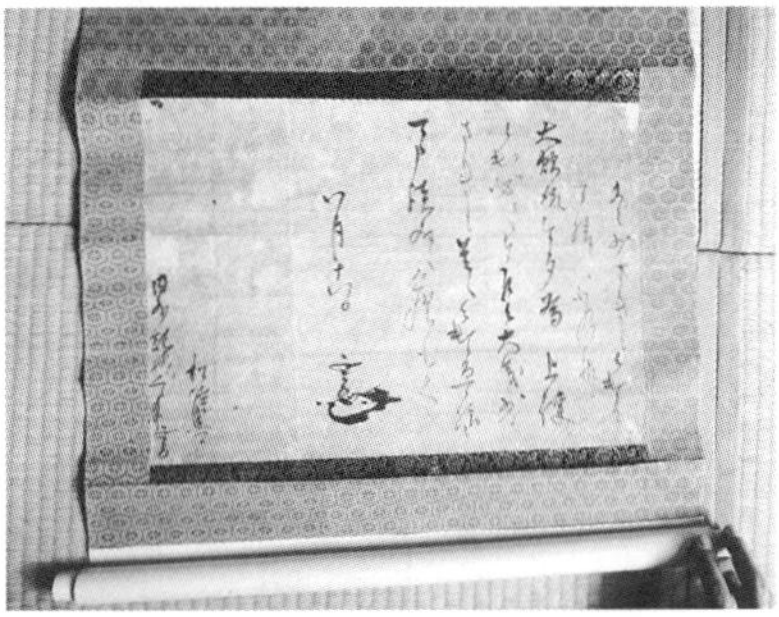

写真 10　「再発見」された伊達政宗書状

写真 11　川崎町歴史友の会による古文書撮影

しても、専門的な技能を以て、歴史資料保全活動に主体的に関わろうとする意識を持ってもらえることを願っています。友の会のみなさんは、春から秋にかけて月に一度程度、作業に取り組んでくれました。古文書の撮影は初めての体験でしたので、古文書の扱い方やカメラの操作方法を学びながらの作業でしたが、今後町内で新たに古文書が発見された場合、今回の経験を活かしてよりスムーズに調査をおこなえるのではないかと期待しています。いずれにしても、今回の第二次調査は友の会の力なくして進めることはできなかったでしょう。今では、地元の大変心強いパートナーです。

四．歴史資料は「活用なくして保存なし」

二〇一二年から約五年間にわたる、佐藤仁右衛門家文書をめぐる取り組みを紹介してきました。若い人が関わる機会がまだまだ少なく、将来の担い手を育むことも、さらなる活用方法を考案することも課題ですが、一つの家の古文書をめぐる活動から浮かび上がる地域歴史資料学・史料保存運動史上の新たな知見について、述べてみたいと思います。

佐藤家文書の調査から刊行物・講演会・展示・古文書講座・調査報告会といった一連の活動をきっかけに、川崎町内では川崎町歴史友の会が誕生し、さらに古文書史料集の予算が計上されました。史料集は『川崎町の文化財　第一二集「古文書」』（川崎町教育委員会発行）として、二〇一八年三月に発行されました。佐藤家文書も多数収載されています。『川崎町の文化財』の発刊は二〇〇七年以来一一年ぶりのことでした。佐藤家をめぐる活動だけが直接的な背景であるとは言い切れませんが、少なくとも地域の古文書の魅力・価値を伝える活動が歴史資料をめぐる地元の動きを活性化させたといえるのではないかと思います。こうした地元の活力が歴史資料の保存につながっていくのではないでしょうか。

こうして振り返ってみると、実は歴史資料を長く保存するには、それを活用することが不可欠なのだという結論が導き出せます。貴重な古文書を土蔵やケースに大切にしまっておくことも保存の方法ではありますが、当主の代替わり等でその古文書の価値が伝わらないようなことがあれば、それはたちまち散逸の危機に瀕することになります。たとえ国宝・重要文化財級の歴史資料でも、その価値を理解できる人がいなければ、保存されることはないでしょう(19)。地域の宝としての古文書の価値を多くの人が共有し、高齢者や児童の「見守り」のように、その存在を気に掛ける地域ぐるみの体制が出来上がれば、それは長く後世に伝えられていくのではないでしょうか。

歴史資料の活用については被災地のレスキュー資料を例に、復興を考える指針、災害文化の形成といった役割が指摘されてきました(20)。そうした意義も当然ありますが、それ以前に、そもそも保存するために活用するという意識を持っておくべきだと思います。歴史資料は「活用なくして保存なし」です。歴史資料の保存と活用に関する議論は今回が初めてではなく、以前から多様な意見が交わされてきました。例えば、阪神・淡路大震災発生当時、文書館等における従来の「保存なくして利用なし」というスローガンに対し、大国正美氏は、地域が主体的に参画した保存運動にしていくには、むしろ「地域に利用されずして保存なし」を合言葉にすべきだと主張しました(21)。所蔵者や地域が「利用価値」があると思うからこそ保存するのだという意見には筆者も同意するところです。さらに歴史研究者の立場から一歩踏み込み、地域住民に価値があると思われるためには、その歴史資料の魅力を幅広く、わかりやすく伝えなければならず、その役割を歴史研究者が積極的に担うべきだというのが、本稿での筆者の主張になります。

つまり、ここでいう「活用」とは、歴史研究者を主体として想定したものです(22)。念のため、それが学術研究のためではなく、地域住民のためであることを改めて強調しておきます。地域住民のための活用とは、歴史資料の魅力・価値を共有するために古文書から新たな郷土史を掘り起こしてわかりやすく公表していくことです。史料から忠実に身近な人々の過去の営みを復元し、郷土への愛着を育む活動と言い換えてもよいでしょう。近年、郷土史の重要性が喚起されています(23)が、戦後タブー視されてきた郷土史(24)は、被災地における人々の心の復興に寄与することはもちろん、古文書をはじめとする歴史資料を保存していく上でも非常に重要な役割を担うことになるでしょう(25)。また昨今の、未指定を含めた文化財の活用を重点化する文化財保護法改正の動きを視野に入れると、地域の文化財を活用しつつ保存する仕組み作りと実践は今後必須になってくるのではないでしょうか(26)。この改正文化財保護法については、文化財の観光利用が優先され、金を生む文化財とそうでない文化財の選別によって後者の文化財の滅失・散逸を助長するとの指摘がなされています(27)が、そうした危険性があるならば、人と古文書を正しく結びつける「地域の歴史家」

としての歴史研究者の役割はより重要になってくるでしょう。

おわりに　～史料保存と大学・研究者の役割～

「活用なくして保存なし」をスローガンにすべきだと強調すると、公文書館などの史料保存機関の活動を批判しているかのように受け取られるかもしれませんが、それは全くの誤解です。本稿のテーマは歴史資料保全における歴史研究者の役割であり、筆者は専門機関による歴史資料の管理それ自体はとても大切な任務だと考えています。冒頭で引用した、木村氏による地方文書は県や市町村で保存・利用すべきだという現地主義の考え方にも反対ではありません。史料保存機関には史料保存機関の、歴史研究者には歴史研究者の役割があり、両者が相互補完的に作用し合うことが史料保存にとって不可欠なのです。

現在、近世・近代の地域歴史資料は控え目に見積もっても全国に約二〇億点はあるという試算が出されています(28)。無論、その大半が未指定の文化財ということになります。この膨大な地域歴史資料の全てを県や市町村の公文書館・博物館・図書館といった史料保存機関で管理することは不可能であり、またそうする必要もありません。地域の歴史資料は地域が守り継承するのが基本だと思いますが、「地域」という言葉をより一歩具体化させるならば、必要なのは地域の公的機関に加えて「地域の住民」の手で歴史資料を守り継承することであり、そのための体制作りを進めることでしょう。何を保存するかを決めるのは地域住民であるべきという主張[29]が具体的な形になることが理想です。地域に残された、公的機関では対応できない古文書などの歴史資料は歴史研究者が積極的に活用し、地域ぐるみで保存に向けた動きを醸成していく必要があります。

今から半世紀以上前の一九六五年、大学に資料センターを設置するという案は猛烈な反発に見舞われ消滅しました。それが今日では、地域歴史文化拠点としての大学の重要性が説かれ、大学が歴史資料保全の事務局となることの意義が強調されるようになっています[30]。資料センターと資料保全事務局では話の次元が違う、大学をめぐる社会環境やその役割が大きく変化した、といってしまえばそれまでですが、大学が地域史料保存の一翼を担うべきだと声高に主張しても、もはや大きな逆風には晒されないでしょう。その大きな背景は、阪神・淡路大震災、東日本大震災といった大災害を経るなかで、（とくに各地の国公立大学法人の）歴史研究者を中心に組織された「史料ネット」と総称される組織が地道な歴史資料レスキュー活動を展開し、社会からの信頼を得、地域歴史文化の拠点としての地歩を固めてきたことにあるといってよいでしょう。この機運を無駄にしてはいけません。歴史資料の活用を通して大学と地域をつなぎ、郷土の歴史と史料に関する地域住民の意識や動きを活性化させていくことが、現在の歴史研究者に課せられたさらなる役割ではないでしょうか。

注

(1) 『地方史研究』七四(一九六五年)。

(2) 『地方史研究』七三(一九六五年)、『歴史学研究』二九七(一九六五年)、『歴史評論』一七三(一九六五年)などに各学会の声明が掲載され、反対の立場が表明されている。

(3) 例えば、木村礎氏は、「「歴史資料保存法」のころ」(『史料の調査と保存　木村礎著作集X』名著出版、一九九七年、初出一九八二年)のなかで資料センター構想を振り返り、それが「書斎的大学人の痴夢としか思えなかった」と述懐している。

(4) 津田秀夫「国立史料センター設立運動の動向について」(『史料保存と歴史学』三省堂、一九九二年、初出一九六五年)。なお、東北大学の「東北地区史料センター案」は、『歴史評論』一七五(一九六五年)に掲載されている。

(5) 日本史資料センター問題を後年に詳しくまとめたものに、木村礎「資料保存利用問題の経過と現段階—学術会議勧告全文—」(『地方史研究』一〇二、一九六九年)、全国歴史資料保存利用機関連絡協議会編『日本の文書館運動—全史料協の二〇年—』(岩田書院、一九九六年)一九・三七頁(黒川直則氏執筆)がある。

(6) 日本史資料センター問題を含めた戦後の史料保存運動の展開と評価については、大石学「戦後史料保存利用運動の展開」(村上直編『日本近世史研究事典』東京堂出版、一九八九年)、高橋実「戦後の史料保存利用運動の世界」(津田註4前掲書)、註5『日本の文書館運動—全史料協の二〇年—』、大国正美「被災史料の救出と戦後史料保存運動の再検討—歴史資料保全情報ネットワークの活動を通して—」(『歴史科学』一四六、一九九六年)、丑木幸男「アーカイブズの科学とは」(国文学研究資料館史料館編『アーカイブズの科学　上』柏書房、二〇〇三年)、中村修「「市民活動資料」の保存・調査・活用をめぐって」(『大原社会問題研究所雑誌』六六六、二〇一四年)などを参照。

(7)　奥村弘「地域歴史文化における大学の役割」(『大震災と歴史資料保存　阪神・淡路大震災から東日本大震災へ』吉川弘文館、二〇一二年)。
(8)　原島陽一「史料保存の基本的課題」(『記録と史料』二、一九九一年)。
(9)　阪神・淡路大震災後のレスキュー資料活用例は、奥村註7前掲論文、大国正美「在野のアーキビスト論と民間所在史料をめぐって」(『名古屋大学大学文書資料室紀要』二一、二〇一三年)、坂江渉「地域歴史資料の「保全」から「活用」へ―阪神・淡路大震災の被災地からの発信」(奥村弘編『歴史文化を大災害から守る―地域歴史資料学の構築』東京大学出版会、二〇一四年)などを参照。東日本大震災後に関しては、NPO法人宮城歴史資料保全ネットワークが企画した『よみがえるふるさとの歴史』(全一二巻、蕃山房)が、被災資料を含めた多様な古文書をもとに被災地の歴史を一般向けにわかりやすく復元している。また、同ネットワークや東北大学東北アジア研究センター上廣歴史資料学研究部門が被災地の古文書を活用した講演会や展示等を開催している。
(10)　奥村註7前掲論文、同「なぜ地域歴史資料学を提起するのか―大規模災害と歴史学」(奥村編註9前掲書)。
(11)　「地域歴史遺産」については、奥村弘「大規模自然災害と地域歴史遺産保全」(註7前掲書、初出二〇〇五年)を参照。
(12)　奥村弘「現代都市社会の歴史意識と歴史学の課題」(註7前掲書)。
(13)　佐藤家と青根温泉の歴史については、拙編著『東北アジア研究センター叢書五〇　江戸時代の温泉と交流―陸奥国柴田郡前川村佐藤仁右衛門家文書の世界―』(東北大学東北アジア研究センター、二〇一三年)、および拙著『よみがえるふるさとの歴史四　湯けむり復興計画　江戸時代の飢饉を乗り越える』(蕃山房、二〇一四年)を参照。
(14)　『(伊達吉村和歌)』(註13拙編著五号文書)、『(伊達吉村俳句)』(註13拙編著六号文書)。
(15)　『諸用留牒』(註13拙編著八号文書)。

(16)『(仙台藩奉行人連署状)』(註13拙編著一三号文書)。
(17)註13拙編著。
(18)註13拙著。青根温泉以外に、同じ宮城県内の秋保温泉・川渡温泉の歴史についても紹介している。
(19)これは、歴史資料レスキューの現場経験者から数多く聞かれた、「何を歴史資料とみなすか」という点で地域住民と研究者の間に認識の相違があるという指摘ともつながる問題であろう。
(20)奥村註10前掲論文。
(21)大国正美「生活者の歴史意識と史料保存」(『日本史研究』四一六、一九九七年)。一連の議論については、越佐歴史資料調査会編『地域と歩む史料保存活動』(岩田書院、二〇〇三年)も参照のこと。
(22)これはあくまで歴史研究者の役割を問うという本稿の趣旨に即した主張であり、無論歴史研究者以外の人による活用を否定するわけでも、それを不要とするわけでもない。
(23)平川新「歴史資料を千年後まで残すために」(奥村編註9前掲書)。地元を愛する心が地域に残る文化財や古文書を大事にする心とつながっているとする平川氏の主張は、まさにその通りであろう。
(24)平川註23前掲論文によると、史料に依拠した実証を土台として展開した戦後歴史学において、郷土史はお国自慢的であり、厳密な実証を欠いた非科学的なものであるとのレッテルを貼られてきた。また、一九七〇年代には、郷土愛を強調する郷土史は戦前の国家主義の基底を支えてきたというネガティブな印象が広まっていたという。
(25)九州大学の秀村選三氏が「村長」となって一九七八年に発足し、古文書を積極的に活用した「多久古文書の村」は、郷土意識の涵養と古文書の保存をリンクさせた民学協同活動の先駆的な例といえよう(細川章「多久古文書の村」〈『岩波講座日本通史別巻二　地域史研究の現状と課題』岩波書店、一九九四年〉)。
(26)改正文化財保護法は、二〇一九年四月一日に施行された。制定に先立ち、文化庁が二〇一七年十二月にまとめた「文化財の確実な継承に向けたこれからの時代にふさわしい保存と活用の在り方について（第一次答申）」(http://www.bunka.go.jp/koho_hodo_oshirase/hodohappyo/1399131.html) では、「文化財の保存と活用は、互いに効果を及ぼし合い、文化財の継承につなげるべきもので、単純な二項対立ではない」「文化財の継承に欠かすことができないのが、地域住民の存在である」ことが文化財の保存と活用に関する基本的な考え方として述べられている。これはもちろんその通りであり、この宣言が絵に描いた餅にならないよう、きちんとした活用の手順を地域住民に伝え、保存につなげていく必要がある。歴史研究者は、その過程の一翼を担う存在にならなければならない。

(27) 岩崎奈緒子「歴史と文化の危機―文化財保護法の「改正」―」（『歴史学研究』九八一、二〇一九年）。

(28) 奥村註10前掲論文。

(29) 久留島浩「地域の歴史・文化資料とどのように向き合うか」（奥村編註9前掲書）。

(30) 奥村弘「地域歴史文化拠点としての大学の重要性―災害が続く日本列島の中での取り組みから―」（『歴史学研究』九五五、二〇一七年）。

［付記］

本稿執筆に当たっては、佐藤仁右衛門家の皆様に格別のご理解を賜り、また川崎町教育委員会の粟野繁氏からご助言をいただきました。記して御礼を申し上げます。

4　資料レスキューと心理社会的支援

上山眞知子

はじめに

二〇一一年三月一一日、筆者が住む宮城県沿岸部の街にも津波が襲来しました。それ以来、被災地に暮らす臨床心理士の立場から支援活動を続けて来ました。初めて遭遇した大震災でも支援活動を続けられたのは、後述する震災後国際支援の専門家から学んだ、世界保健機関（ＷＨＯ）作成の「心理社会的支援」のガイドラインがあったおかげです。五年間、心理学のみならず、他領域の方たちとも共同で支援活動をおこなってきました。そのなかに、宮城歴史資料レスキューのメンバーとの連携があります。臨床心理士として、資料ネットワークによるレスキューを経験した資料所有者への聞き取り調査をおこないながら、思いを傾聴してきました。本稿では、その聞き取り調査結果の一部を報告します。臨床心理士は現場に赴いて資料をレスキューすることはありません。しかし、失われたそれぞれの家の資料が修復されるという経験は、あの大震災のなかで資料者にとってどのような意味を持っていたかを心理社会的支援の観点から検証していく必要があるのではないか、というのが問題意識の発端です。

被災地域における歴史学と心理学との共同作業は、かつて経験したことのない仕事となりました。以下では、被災地に暮らす臨床心理士の資格を持つ心理学者が歴史学者と共同研究するに至った経緯と、現在進行中である研究プロジェクトの成果について述べます。今後の大災害減災への提言になればと願っています。

一．東日本大震災と研究の背景

1　私の被災体験

東日本大震災発生の時刻、私は後期試験の準備のために勤務先に向かう途中の山形道を降りるというタイミングでした。大学にたどり着くと、職員から自宅付近への津波の襲来を教えられました。当日、自宅で仕事をしていたはずの夫に電話しても不通で、入試業務を片付けながらまんじりともせずに夜を明かしました。家族の安否への不安ということが自分の身の上に起ころうとは、思ってもみない事態でした。翌日、同僚とともに自宅に戻る途中、山間の古い家屋が数多く倒壊しているのを見ました。我が家はと思い帰宅すると、家族は無事でした。しかも、減災対策を家具に施し三週間分の水や食料も備蓄してあったため、個人的な被害は思いの外少ないという状況でした。しかし、ほんの五〇メートル先まで津波が襲来し、果たして自分が住んでいる地域が元の生活に戻れるのはいつなのだろうかという気持ちになりました。その日から、被災地に住む者として支援に携わることになりました。

臨床心理士は、患者あるいはクライアントと呼ばれる来談者に対して、心理療法などをおこなうことを業務とします。今回の東日本大震災では、私自身が被災地に居住し、自分自身が「心のケア」の対象者になるという状況を経験しました。しかしながら、臨床心理学が得意とする治療的手法は、大規模震災ではかならずしも有効性を発揮するわけではないことを知ったのです。

2　被災地の臨床心理士として考えたこと

震災発生から三日後、私は、居住する市内最大の避難所に行きました。避難所は、津波や倒壊した家屋から逃げてきた多くの人々で埋め尽くされていました。臨床心理士として病院に勤務していた時には小児科での仕事が多かったため、最も気になったのは子どもたちの様子でした。以前報道で、被害者や被災者に対する心理的な支援を目的にした米国のレスキューチームの仕事ぶりを目にしたことがありました。レスキューチームがぬいぐるみを用意して子どもたちを安心させていたことを思い出し、すでに巣立った我が家の子どもたちが遊んでいたおもちゃを用意して避難所に入りました。その避難所では、近くの大学で学ぶ学生が中心となって、情報提供コーナーを設営していました。水や食料の確保が優先される状況で、おもちゃを持って子どもに話しかける私の姿を見つけた学生たちは、「子どものための遊び場を作れないだろうか」と持ち掛けて来ました。これをきっかけにして、避難所に子どもたちのための遊び場が設営されることとなったのです。家を流されたり家族を失ったりなど、子どもたちは過酷な体験をしていたにもかかわらず、避難所にいる高齢者を気遣い、お手玉や綾取りを教えてもらうという名目で一緒に遊ぼうとしていました。その姿に周りの大人たちも励まされ生活を再建しようとする様子に、被災者と呼ばれるようになった人々の大多数は、震災前には心身ともに健康であったという当たり前のことを思い出しました。

電気が復旧すると、国内外の心理学や精神保健関連の研究者からメールが届くようになりました。なかには、心的外傷後ストレス障害（ＰＴＳＤ）に罹患する人が多いはずであるから、支援に行きたいので被災地に入る手筈を取って欲しいという依頼がありました。周りを見渡した限りそのような症状を持つ人は少ないようだし、こちらは生活をするので精一杯である旨を伝えたところ、そんなはずはない、というお叱りの返信さえありました。被災地にいる人々には「心のケア」という治療が必要なはず、というスティグマを張られているのだと知りました。例えば、ある知り合いの養護教諭は、震災直後の研修会に参加したところ、遠方から来た臨床心理士の講師が「家を流された人は人格も流され、深く傷ついてます」と語るのを聞いて、「私も家を流されたけれど、人格はここにとどまっている！」と言い捨て、研修会場から出て来たと話してくれました。この講師がイメージしていたのは、ＰＴＳＤの発症が懸念される被災者であり、自分たちの力で生活と地域を取り戻したいと考えていた人々ではなかったのだろうと思います。

二．心理社会的支援の意義

1　PTSDモデルへの疑念

全国から大勢の精神保健の専門家が支援にやって来ました。しかし、「心の支援チーム」と書かれたユニホームを着た一団に、「心の悩み」を聞いてもらおうとする人たちはあまりいなかったと聞いています。二〇一一年七月に、宮城県外での講演を頼まれ、その地域の精神保健の専門家を前に被災地の実態を話したことがありました。すると少なからぬ参加者が、「被災地に行って何も仕事ができなかった」と泣き始めたのです。聞けば、「泥かきや掃除しかできなかった」とのこと。被災地に住む私が「それこそが何よりありがたい」と慰めの言葉を掛けるという、妙な質疑応答を経験しました。精神保健の専門家が日常で用いる手法が、大多数の被災者には通用しなかったことを示す例です。

自然災害発生時の被災者の心身の健康状態に関する研究は、米国において、すでに一九五〇年代に発表されていました。Tyhurst（一九五一）は、自然災害発生地域に入り面接調査をおこないました。その結果、PTSDにあたると思われるpost traumatic reactionの発生率は一二%~二五%でしたが、多くの被災者は冷静であり落ち着いていたこと報告しています。しかしながらその後、精神保健の専門家は、心理学的な興味からpost traumatic reactionの発症に注目しました。その結果、被災者や被害者のＰＴＳＤ発症に注目した研究が数多くおこなわれるようになったのです（Bonannoら二〇一〇）。

ＰＴＳＤがトラウマストレスの結果発症するとして一般的にも注目されるようになったのは、アメリカ精神医学会が一九八〇年代に発表した診断マニュアルＤＳＭ―Ⅲ（Diagnostic and Statistical manual of Mental Disorders. Third Edition）以降です。しかしながら、災害に関する精神保健領域の先行研究を検討した結果、Bonannoら（二〇一〇）は、災害発生後にとくにＰＴＳＤのみに注目することによって、被害を包括的に検討することへの妨げとなったという研究結果を見出しています。同時に、災害は、健康やウエルビーイングを長期にわたり蝕むものであり、災害以降も社会構造全体にダメージを与えるため、多方面からの調査と支援を継続的におこなう必要があると述べています。Bonanno自身は、世界貿易センタービルへのテロ攻撃の時ニューヨークに在住していた研究者であり、直後から調査研究をおこなっています。

それでは、Bonnanoが指摘した包括的な支援には、どのようなモデルがあるのでしょうか。一つの回答として、国連世界保健機関（ＷＨＯ）が推奨する心理社会的支援を取り上げたいと思います。

2　国際支援の潮流

二〇一一年の東日本大震災後、私は、宮城県への支援に来ていた国際ＮＧＯなどの支援の活動家

人道的支援のためのガイドライン

目次

連携・調整
アセスメント、モニタリング、評価
保護および人権のスタンダード
人的資源
コミュニティの動員および支援
保健ケアサービス
教育
情報の発信
食糧安全および栄養
避難所および仮設配置計画
水および衛生

・http://www.who.int/mental_health/emergencies

図1　災害・紛争緊急時における精神保健・心理社会的支援に関するIASCガイドライン
（UN *Inter-Agency Standing Committee IASC* 機関間常設委員会）（2007）
The Sphere Project（2011）

から、国際支援の現場では、被災者の支援方法として心理社会的な支援という考え方があることを知りました。歴史的には新しいアプローチで、二〇〇七年に国連およびWHOから公表された支援のガイドラインの根幹をなす考え方です（図1参照）。

ガイドライン作成の母体は、WHOなどの国連関連機関を基軸とし、世界的なNGOの代表を含む二八団体から成る機関間常設委員会（IRSC）の作業部会です。ガイドラインで強調されているのは被災者の尊厳と権利を守ることであり、以下のような三点として述べられています。

①　尊厳を伴った生活を行う権利
(the right to life with dignity)

②　人道的な支援を受ける権利
(the right to receive humanitarian assistance)

③　保護と安全への権利
(the right to protection and security)

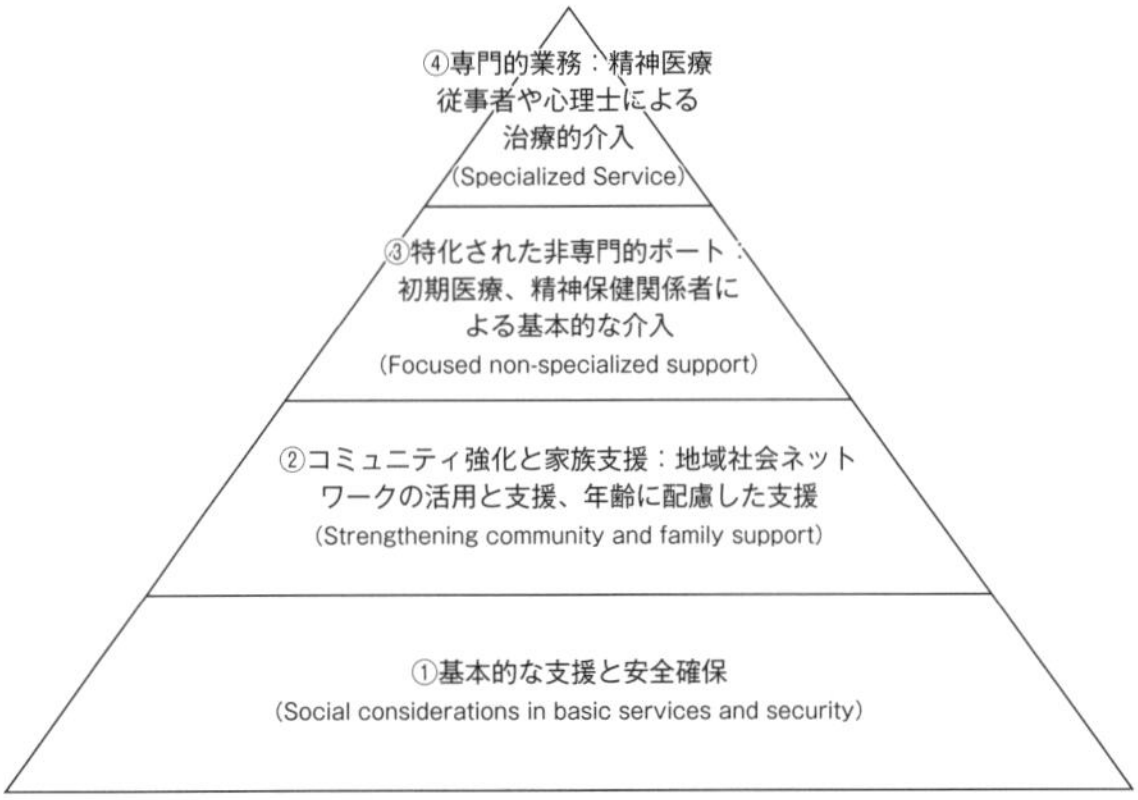

図2　心理社会的支援のピラミッド

(The Sphere Project：2011を一部改編)

支援に際しては、すべての被災者が平等に対象となります。特定の精神疾患にのみ着目した支援には、他の問題を見過ごす可能性のあることが明記されています。被災地では多くの人たちは過酷な体験をしており、一時的にエネルギーを失うという事態も起こります。心理社会的支援とは、いわゆる医学的なケアではなく、支援者に対し、被災者に負担なくそれぞれの日常的な生活場面に溶け込ませるようにして支援活動の内容を工夫ということを求めています。被災地にいるすべての人たちが、自身の活動によって精神的な健康を回復することを目指すためです。こうした活動は被災直後だけではなく、必要な人や場所に対して継続的に実施するというのが、心理社会的支援の柱です。

図2は、心理社会的支援の基礎となる考え方を示すピラミッドモデル図です。被災地ではすべての人が心理社会的支援の対象となります。多くの緊急支援の派遣や支援物資そのものが、被災者にとっては心理的な

落ち着きに繋がる心理社会的支援の効果をもたらすと考えられています。例えば、物資を配る場合にも、支援者は被災者を傷つけないように最大限の配慮をするということが求められます。私自身も、避難所で、洗濯していない衣類や、食料として提供できない状態になった冷凍食品が物資として届けられるという実態を目撃しました。こうした物資を整理するために、市の職員は、自分自身も被災者でありながら自宅に帰れないという過酷な状況で、多くの労力を費やしていました。

ピラミッドの一段目で対象になるのは被災地にいる人すべてであり、安全や安心などの生活支援のなかにケアの可能性を探ります。例えば、私自身も、救援物資や他の地域や国から支援のためにやってきた人々の活動を目にするだけで励まされていました。次の二段目で対象になるは、災害弱者になりうる群です。情報へのアクセスにおいて不利になりがちな子どもや高齢者、障碍者などです。この詳細については他の拙著に譲り（上山、二〇一一、二〇一二、二〇一三、二〇一五）ますが、この二段目までは、医療的なケアを想定していない支援です。すでに病院臨床の現場から遠ざかっていた私は、二〇一一年の時点で、この二段目までの対象者に支援を届けようと考えていました。

三. 震災から五年目の調査

1 歴史資料所有者への聞き取り調査

宮城県沿岸部の津波被災地は、高齢者率が高い地域でもあります。しかし、内陸でも復興が進まず、コミュニティが消失しかけている状態が長期化している地域では、高齢者が精神保健上の問題を抱えている可能性があるのではないかと懸念していました。高齢者への心理社会的支援は、子どもへの支援に比べて具体化することが難しくなります。このため、高齢者への心理社会的支援の有効性を確認できる具体的な活動を探すことが課題となりました。こうした点において、以前から個人的に知っていた歴史資料レスキューは、資料所有者である高齢者にとっては心理社会的支援になるのではないかと考えました。

資料所有者への聞き取り調査は、支援と調査を両立することができる現場でした。歴史資料所有者はその家の当主であり、高齢者であることが多いからです。臨床心理学は個人への対応は得手としていますが、ヘルスプロモーションとなるような社会的な活動を組織することには手馴れていません。一方、資料レスキューの活動をおこなっている歴史家は、被災者の日常生活に入ることで活動をおこなってきました。しかしながら、歴史家は、所有者への心理社会的支援を自覚してレスキュー活動をおこなっているわけではありません。そのため、所有者にとっても支援として意義がある、という点を評価する必要性があり、心理社会的な支援の具体例として提示できるのではないかと考えました。こうした後方支援にあたる評価の仕事は、心理学の得意分野です。支援をしながら調査をおこなうという方法として、資料レスキューを受けた家族の当主へのインタヴューをおこなうのは理にかなった方法であると考えました。

2　災害と高齢者に関する先行研究

自然災害における高齢者に関する調査研究によると、過去の災害経験は予防接種のような効果を及ぼす可能性が高く、被災経験を持つ高齢者は新たな自然災害に対しては適応がよく、強さを発揮すると指摘されています（Bland, ほか一九九六、Cook ほか二〇〇九、Kato ほか一九九六、Knight ほか二〇〇〇）。しかしながら、復興が遅く災害状況が長引けば様相は異なって来ます。長期ストレスにより、初期に発揮されたエネルギーが衰えてくる可能性が高くなるのです。自己のアイデンティティの重要な部分を占めていたコミュニティの崩壊と歴史性の消失は、高齢者にとっては、慢性的なストレス症状につながって行く危険性があるのです。

では、東日本大震災の場合はどうなのでしょうか。沿岸地域は、過去に何度も、大きな地震や津波を経験しています。高齢者のなかには、若いころに災害にあっている人たちも多い地域です。しかしながら、千年に一度とも言われるほどの激甚災害であった今回、先行研究で指摘されていたワクチン効果がみられた否かを検討する必要があると考えました。

3　高齢者への調査方法

調査する場合には、対象者にとっても有意義なものとなる方法を選択することは倫理的に重要な課題となります。カウンセリング効果が期待できる面接・調査によるインタヴューの結果を、事例として検討するという方法が要件を満たすのではないかと考えました。

以下では、高齢者を対象にして、それまでの人生を回想することをおこなった先行研究をまとめ、今回のプロジェクトで採用した調査方法の背景について述べます。

災害がらみではありませんが、Haight（一九八八）は、在宅する五〇歳以上の対象者について、それまでの人生を回想することによる聞き取り調査をおこなった結果、回想は情緒的安定をもたらすという結果を示しています。ただし、対象者に任せて回想をしてもらうと、回想事項が多くなった場合にはかえって喪失感を呼び起こし、抑うつ的になることを見出しています。こうした危険性を回避するための方法として、

・面接が構造化されること、
・語られたことに対して自身が評価を行うこと、
・個別に行うこと、

・熟達した聞き手から肯定的なフィードバックが得られること、が必要であり、こうした条件が整った場合には、回想者は情緒的な安定と満足感を得ることができると述べています。

本邦の研究でも、高齢者がストレスに遭遇した場合には、内容を語ることで社会的な支援を引き出す可能性があり、自分の語りを肯定的に聞いてもらうことによって、自尊感情を取り戻すという結果が示されています（菅沼　一九九七、野村ほか　二〇〇一、野村　二〇〇九）。

以上のような先行研究の方法を参考にして、構造化された場面での回想による聞き取り調査をおこなうことにしました。

4　研究目的と対象者

資料レスキューを経験した被災者は、どのような心理的な経験をしたかを聞き取り、資料レスキューの効果を検討することを目的としました。本研究では第一回目の傾聴に時間をかけ、対象者の背景を十分に理解してから調査を実施しています。

5　対象者

宮城歴史資料ネットワークによりレスキューを受け、臨床心理士による聞き取り調査に合意した資料所蔵者。聞き取り調査への協力を求めるアンケートを実施したところ、約三〇名の所蔵者から応募がありました。調査は現時点で完了していません。本稿では、調査が完了した三事例の報告をおこないます。

対象者A　七〇代女性。沿岸部に居住していました。地震と津波により家屋は全壊し、家族に犠牲者が出ています。現在は、他の地域に転居しています。十数代にわたる旧家の当主です。

対象者B　六〇代男性。沿岸部に居住。震災後も同じ地域に留まりました。地震と津波により家屋全壊。敷地内に蔵が一棟残りました。家族内に犠牲者はいませんでした。十数代にわたる旧家の当主です。

対象者C　六〇代男性。調査時点の居住地は、内陸。実家も内陸にあります。両親の死去に伴って無人となっていた実家が、地震により一部損壊。家族内に犠牲者はいませんでした。分家した後の三代目当主です。

聞き取り開始　二〇一五年九月より聞き取りを開始しました。本稿では、二〇一七年二月時点の結果を示します。

※倫理的配慮　実施に当たっては、東北大学災害科学国際研究所の倫理委員会の審査承認を得ました（代表　人間社会対応研究部門　歴史資料保存研究分野　准教授　佐藤大介）。

四．人々の語り

1　調査方法

本調査では、内藤（一九九三）によって開発された個人別態度構造分析（Personal Attitude Construct　PAC）を用いました。調査の目的等の説明の後、PAC分析の実施に先立ち、対象者には経験などを自由に語ってもらいます。次のセッションでは、調査者が用意した言葉や文（刺激語／文）が提示され、対象者はその場で頭に浮かんだことをカードに書き込み（自由連想）、記載カード間の距離を判断するなどの作業をしてもらいます。統計ソフトを用いて、書き込み項目がいくつかの群にまとめられ（クラスター）、各群全体の構造をデンドログラムと呼ばれる図として表現されたものが、対象者に示されます。その図を見ながら、対象者は傾聴する聞き手に支えられ、刺激語／文に対する自由連想をおこない、対象者自身が自らの体験を振り返るというプロセスを踏まえるため、カウンセリング効果が期待できる方法です。さらにＰＡＣ分析はインタヴューを実施する際に刺激語／文を設定するため、インタヴューの構造が明確になります。構造化されない回想法によるフラッシュバックを回避することができるというメリットがあります。

インタヴュー時には、資料ネットワークの歴史学チームの担当者は同席しませんでした。聞き取りはすべて、臨床心理士の資格を有する者（心理チーム）でおこないました。毎回複数（二〜三名）の心理士が役割分担（インタヴュアー、記録者）して聞き取りをおこない、事後の記録を整理し、全員で確認しています。

> 刺激文「震災後資料レスキューを経験して、どんな言葉、考え、イメージが浮かびますか？」

ＰＡＣ分析実施の流れを図三に示しました。インタヴューは、三つのセッションで構成されています。

【第一セッション】 調査者の自己紹介と調査の趣旨と流れの説明をおこない、協力の承諾を得ます。この時点で辞退の申し出があった場合には、終了します。話題の主導権は対象者にあり、調査者は聞き手に徹します。ＰＡＣ分析の実施の承諾が得られないケースもありましたが、その場合でも、対象者は資料にまつわる家族の歴史的経緯や被災時の話をして下さいました。対象者は、すで

手順	対象者	調査者（1ガイド担当、2記録担当）
初回		
①	刺激文を見て自由連想をカードに書く	導入と刺激文の提示。連想語の入力
②	カードを重要度順に並べ替える	
③		重要度順をカードに書き入れ入力する
④	カード間の類似度距離を考え、示す	提示ソフトを用いてランダムに2枚ずつカードを提示し、示された結果を入力する
⑤	連想語への＋，－，0のイメージを示す	示された結果を入力する
初回から2回目の間		
⑥		④の類似度距離を統計ソフトに入力し、デンドログラムを作成する～クラスター分析（ウォード法 SPSS 使用）
2回目		
⑦	デンドログラムを見て、クラスターのまとまりごとに分割する	デンドログラムの提示と聞き取りの開始
⑧	クラスターのまとまりごとにさらに自由連想をする	自由連想の内容を記録する（記録と録音）
⑨	クラスターのまとまりごとに命名する	名称を記録する
⑩	クラスターのまとまりごとに2つずつ比較し、類似点，相違点を考える	クラスターの類似点、相違点を記録する
⑪		各項目についての質問をする
⑫	全体の感想を述べる	感想を記録する
2回目終了後		
⑬		考察を伝える

図3　PAC 分析実施の流れ

に資料レスキューに対して信頼や肯定的な気持ちを持っている可能性が高いのですが、忌憚ない話を聞くために、聞き取りの調査者はレスキュー活動の枠外の者であり、対象者が望まない場合には内容をレスキュー担当者には伝えないことを約束しています。

【第二セッション】　刺激語／文を提示します。連想は、「頭に浮かんだことを、何でもお書きください」という導入で開始します。最も難しいのは、相手の反応をじっくり待つことです。対象者は、連想したことを、順次カードに記入して行きます（記入順序）。記入された語／文はその場で直ちに提示ソフトＰＡＣ－Ａｓｓｉｓｔ２＋で入力します。ランダムに提示されるカードペアに従って、調査者がペアを順次提示します。対象者は、ペア間の距離について、「非常に近い」から「非常に遠い」までの七段階のいずれに当たるかを判断するよう求められます。一〇の連想で、五〇回ほどのペア比較をおこなうことになります。続いて、記入順序を重要度順序に並び替え、最後に各記入内容に対するイメージを、プラスイメージ（+）、マイナスイメージ（−）、どちらでもない（0）のいずれに当てはまるかを対象者に判断してもらい、カードに書き入れてもらいます。調査者は結果を、統計ソフトSPSSを使用し、クラスター距離測定としてウォード法を選択して解析をおこないました。解析の結果、項目のクラスターのまとまりを示すデンドログラム図が作成されます。その場で直ちに結果を示して感想を得るか、持ち帰って後日、第三セッションとしてインタヴューをおこなうかは、対象者の疲労度を見て判断しました。

【第三セッション】　作成したデンドログラム図を対象者に示し、各クラスターの感想を聞き、タイトルを命名してもらいます。デンドログラム図を見ての感想、項目のまとまりについての感想、クラスター全体の感想、調査を受けての感想、を聞き取ります。最後に臨床心理士が全体の解釈とまとめを伝え、そのことに対する対象者の感想を聞いて終了となります。

以上の三セッションを、二回から三回の訪問で実施しました。調査のための訪問間隔は二〜三週で、どの対象者でも概ね一時間で終了しました。承諾を得た場合には、調査を録音しました。記録内容は、複数の調査者で精査することで確認しました。なお、聞き取り場所については、対象者の意向に合わせて設定しました。

前述した先行研究でも指摘されているように、高齢者の場合には、聞いてもらうという経験自体にカウンセリング効果が期待できます。カウンセリング効果のためには、傾聴するという態度と結果についての解釈が、調査者の技術として形成されているかという点が重要となります。聞き取り調査においては、こうした臨床的な面接の技法の維持が最も重要となります。聞き取りをしながら、適切に質問をしたり語られたことを繰り返したりすることで、語る人の考えや思いが明確になる聞き取りの技法を用いる必要があります。語り手（資料所有者）は以上のプロセスを経験した後、自らの語りをデンドログラムとして視覚的に確認し、振り返ることができました。

2　結果

以下では、三事例のクラスター分析の結果とそれに対する本人の感想や語りについて示します。なお、語りの部分については、個人情報を保護するために、全体の内容に影響しない範囲で具体的な名称等を省略するなどして一部に変更を加えています。年齢は調査時点のものです。

①　対象者Aさんの結果

七〇代前半の女性。この家の活動を示す古文書は、一八世紀初頭に遡ります。代々村役人を務め、海運業を展開させ、地域社会への貢献をおこなってきた家系でした。家族が津波の犠牲者となり、家を失って転居しています。

（第一回目）津波で犠牲になった家族について語りながら、終始泣いていました。しかし、調査の趣旨を理解し、家族の歴史について語って下さいました。一族は地域の中心として繁栄のために努力し、かなりの財をなした家であることへの自覚がありました。戦後の農地改革以降、以前の勢いを失うこととなりました。レスキューの対象となった資料には、先祖の地域貢献を示す内容のものが含まれていました。

（第二回目）カードに連想を記入してもらったところ、九項目の連想がありました。

重要度一位は、「あの（宮城歴史資料ネットワークのメンバーである）Z先生のお電話がすごくありがたくて、嬉しかった」でした。九個の連想の内、八個がプラスイメージとなりました。マイナスイメージは、「全部流されたのが夢だったらと考えた」のみでした。

（第三回目）分析した結果のデンドログラムを示し、各クラスターのタイトルを命名してもらいました。Aさんのデンドログラムのまとめを【図4】に示しています。

第一クラスター　以下の項目に対して、タイトルは【いろいろな気持ち】でした。

- 全部流されたのが夢だったらと考えた
- 大変うれしかったです
- しばらく過ぎてから、昔のことがもったいない
- 考えるとくやしいしつらい
- 世界のことがすごく大事なことだと思います

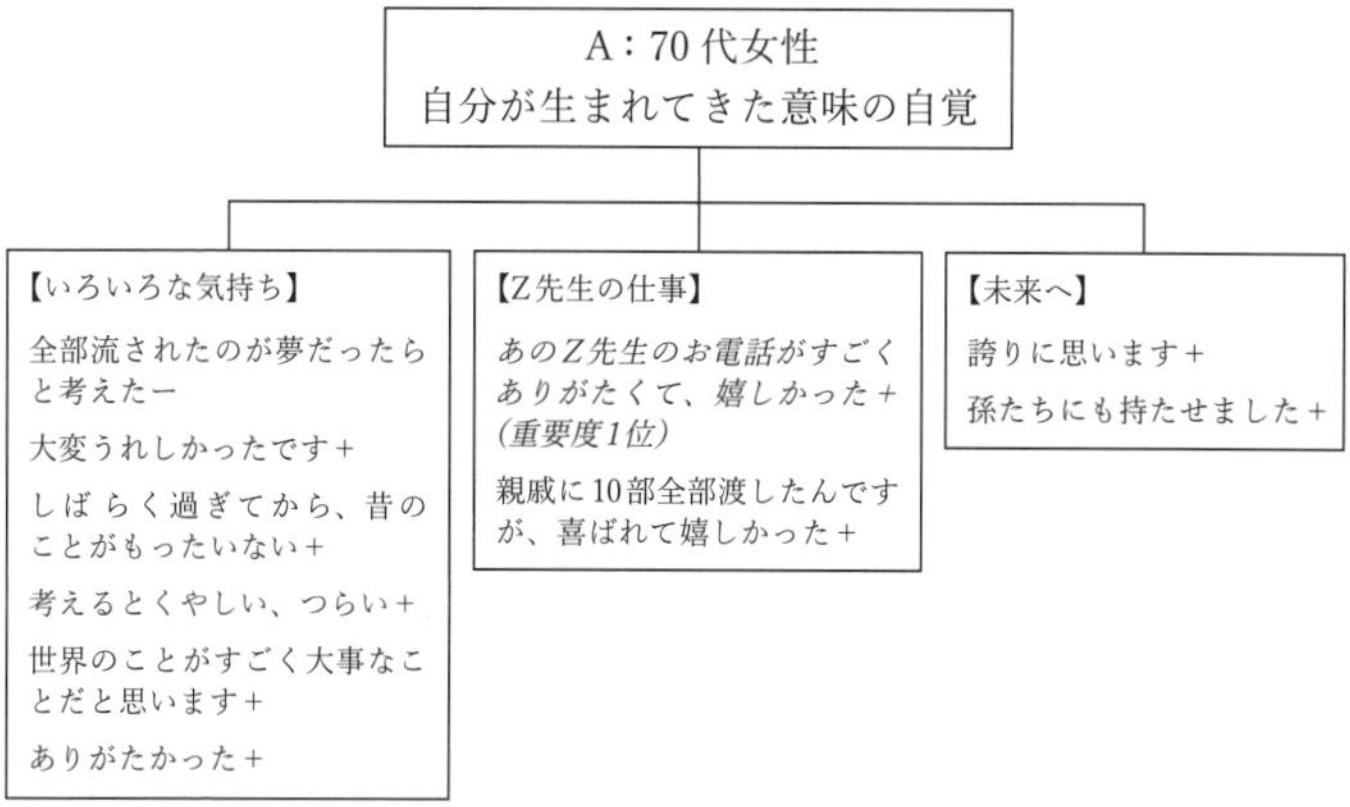
A：70代女性
自分が生まれてきた意味の自覚
【いろいろな気持ち】
全部流されたのが夢だったらと考えたー
大変うれしかったです＋
しばらく過ぎてから、昔のことがもったいない＋
考えるとくやしい、つらい＋
世界のことがすごく大事なことだと思います＋
ありがたかった＋
【Z先生の仕事】
あのZ先生のお電話がすごくありがたくて、嬉しかった＋(重要度1位)
親戚に10部全部渡したんですが、喜ばれて嬉しかった＋
【未来へ】
誇りに思います＋
孫たちにも持たせました＋

図4　対象者Aさんの連想のまとめ

●ありがたかった

このクラスターでは、「つらさ」と「うれしさ」という矛盾する感情が示されています。Aさんはこのまとまりを見て、「混乱していた状況で、資料レスキューのZ先生の支援がありがたかった、レスキューを受けることで、つらかった気持ちに整理がついたのだとわかりました」と話しています。

第二クラスター　以下の項目に対して、タイトルは【Z先生の仕事】でした。

●あのZ先生のお電話がすごくありがたくて、嬉しかった

●親戚に（先祖に関するZ先生の著書）一〇部全部渡したんですが、喜ばれて嬉しかった

第二クラスターでは、レスキュー関連の具体的な支援について述べられています。

第三クラスター　以下の項目に対して、タイトルは【未来へ】でした。

● 誇りに思います

● 孫たちにも持たせました

（語り）

第一から第三への流れを見て、Aさんは、現在の自分が未来を考えられるようになったことを自覚したと語ってくれました。以下のように述べています。

本を遠方のいとこにも送り、喜ばれました。こちらに住んでいるいとこにも渡しました。すると、「うちの家系にもすごい人いたんだな」と言われました。以前は実家のことを話すと、「昔はすごかった。でも今は（大したことない）…」だったのですが、現在は（本を読んだから）「こうだったんだ」と誇りに思えるようになりました。今では、自分は先祖に見守られている気がします。

本は親戚だけでなく、地域にも広がっています。娘の同級生（今回の震災でまだ夫が見つかっていない）も、自分の店で本を置いて売ってくれています。

町史なんて分厚い本は読めない、読む気がしないが、あの本なら読める、わかりやすいと言われます。うちには立派な人がいたんだなということが子や孫に伝わり、そして地域にも広がっています。

震災直後は、親戚でも、家を流されなかった人たちとは口もききたくありませんでした。何で自分だけこんな目に合うのかとばかり考えていました。流された家があったところに行くのも嫌でした。しかし、地域の人たちがこの本を読んで語り合っていると知り、（第一回目の聞き取り調査以降）やっと地元に入れるようになりました。訪ねて行ったら皆さん喜んでくれて、申し訳なくて声がかけられなかったと言われました。涙が出ました。今は、お墓参りなどにも気軽に行けるようになったし、楽しみにもなりました。生きていればこそ、いろいろなこともできる、私の役目は、家の歴史を引き継ぎ次の世代に伝えることだと思っています。自分はこの家を守る、維持するために生まれてきたのかなと思います。

初めは、死んだらよかった、生きていて何の意味があるのか、何でこの家に生まれたのか、津波がもっと早く来ればよかったのに、あるいはもっと遅く来ればよかったのに（そうすれば自分が遭遇しなくても済んだ）などと思っていました。しかし、今は家族のために生きていなくてはいけないと思うようになりました。

（ＰＡＣ分析の結果について）自分の気持ちの流れが現れていると思いました。

以上のような語りの後、全体のタイトルを、「自分が生まれてきた意味の自覚」としています。震災後四年が経過していた第一回目の聞き取り調査の時にも、終始、強い悲嘆を示していました。しかし今回臨床心理士による傾聴を経験する過程で、改めてレスキューとの関りを振り返りながら、家族の歴史に対する誇りを持つようになりました。自分の役割は、次世代に伝えることであるという自覚を持つようになったと述べています。

② 対象者Bさんの結果

調査当時は、六〇代後半の男性。家屋は敷地内の蔵を一棟残したのみで全壊しました。家族内の犠牲者はいませんでした。

（第一回目）十代以上続く家系で、江戸時代、廻船問屋として発展していました。百年ほど前の鉄道の開通後は、醸造業をやっていました。一九七八年の宮城県沖地震を、船員として海上にて経験しました。この時、家族の安否確認ができないという心理的な苦痛を経験しています。その後、地域の震災について独自に調査研究を開始しています。その結果地域の歴史に興味を持つようになり、宮城県内陸地震の時から宮城歴史資料ネットワークの活動に関心を寄せていました。過去の震災の際に、居住地域にも津波が襲来していたことを確認し、今後の震災について心の準備をおこなっていました。東日本大震災の折には、避難する際にカメラを持ち、自宅裏の高台より津波の襲来を記録しています。この地域に津波は来ないはずと思っていた人たちが泣き崩れるなか、彼は記録を取り続け、震災当日に復興のために何ができるかと考えていたそうです。過去の震災体験が、こうした対応を可能にしたと自覚していました。

（第二回目）単語による連想が一一項目ありました。重要度一位は、「のこす」でした。一一個の連想の内、プラスイメージは九個でした。マイナスイメージは、「地震」と「津波」でした。

（第三回目）解析した結果のデンドログラムを示し、各クラスターのタイトルを命名してもらいました。デンドログラムのまとめを【図5】に示しました。

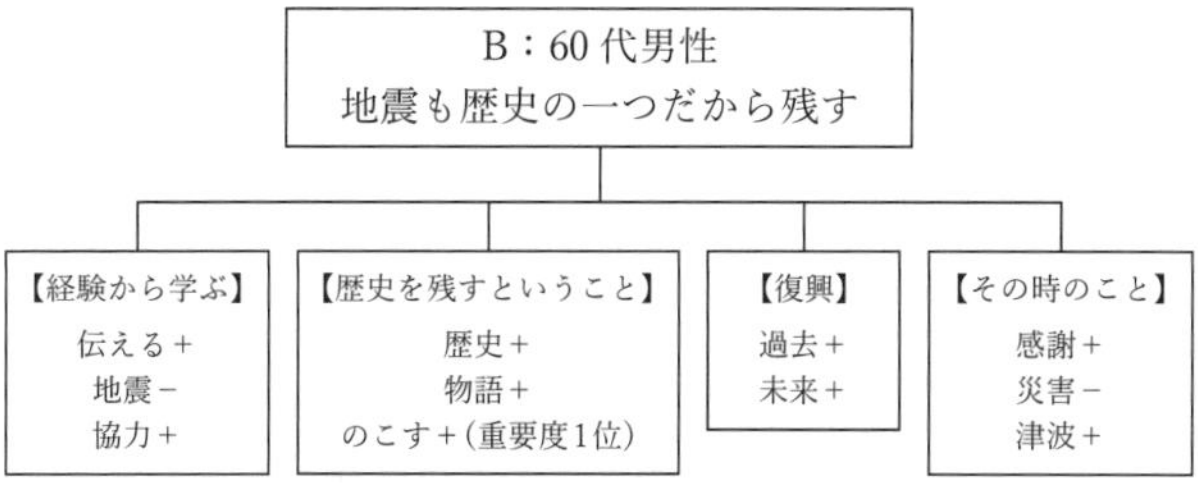

図 5　対象者 B さんの連想のまとめ

第一クラスター　タイトルは【経験から学ぶ】でした。

● 伝える
● 地震
● 協力

第二クラスター　タイトルは【歴史を残すということ】でした。

● 歴史
● 物語
● のこす

第三クラスター　タイトルは【復興】でした。

● 未来
● 過去

第四クラスター　以下の項目に対して、タイトルは【その時のこと】でした。

● 感謝
● 津波
● 災害

Bさんは、全体のタイトルを、【地震も歴史の一つだから残す】としました。

（語り）

宮城県沖地震も必ず来ると言われていたし、過去に矢本地震、栗駒の地震などを経験していた。栗駒地震のとき駒の湯が流された後で行ってみましたが、慰霊碑にすでに「絆」と刻まれていました。宮城県沖地震では沖で船に乗っていました。スマトラの地震もありました。こうした過去の経験が心の深層や頭のなかにあって、津波ではなく「地震」という言葉が出たのかもしれません。

「伝える」というのは災害を伝えるということで、「協力する」ことに自ずと繋がります。実際、震災直後は近所四軒で夕食会をやっていた。米を持ちより、食べるのにしばらくは困らないとわかりました。

流された町を見て、一〇年後には復興すると思っていました。どこの町も必ず復興しているから。自宅は流されたが事務所は残ったので、そういう気持ちに早くなれたのでしょう。土蔵も残った。（宮城歴史資料ネットの）Y先生に電話し、残せるようになりました。土地の嵩上げのため少し移動しましたが、津波のおかげで結果的に壁がきれいになり、周辺の花壇も整備されました。

蔵だけでなく、この地域の歴史も残すということを考えています。蔵以外に地蔵さんもあり、二〇一三年に元の通り戻して地蔵講祭りをやりました。それ以外に最も古いものでは、鎌倉時代の悼碑が下水道工事の際に出てきました。これも公園に残す計画です。X寺の本堂も二五一年前に作られた古い建物。（交流のあった他地域の）U地域の人たちが立てた供養碑もあります。W市の船は江戸に入る前に必ずUに寄っていた。こうした交流もありました。徳田秋声の小説を読むと、海を通した文化的な交流があったことが書かれています。昔の人はこうしたことを誇りに思っていた。鉄道ができてから廃れてしまったと思います。

昭和三〇年代に作られたV小学校の歴史書に、地震のとき他の町の人が避難したということが書かれてありました。台風の高潮で死者もあったようです。みんなは忘れているが、そうしたことがあった。自分も今回のことを日記やデジカメで記録しています。三・一一の前日に三回地震があったが、それも日記に書きました。

未来は復興のこと。できれば以前より良くなって欲しいと思います。津波のおかげでこの辺も整備されたが、多大な犠牲の上にということ。復興は誰もやらなければ、仕方ない、自分が（やる）、という思いであります。

津波の災害はあったが、援助も受けたので感謝の気持ちが強いです。三月末からボランティアが生鮮野菜などを持ってきてくれました。それまで生鮮野菜は食べていなかった。四月から泥出し、片付けなどにいろいろな人が来てくれました。資料レスキューは四月八日で一番早かった。文化財レスキューに一安心した。土蔵に入ったのは三月二四日でした。

Z先生とは二〇年前からの知り合いです。四月三日に、土蔵の件でアドバイスをもらいたくて電話した。四月四日に調査に来てくれ、四月八日に発電機、段ボール六〇箱など持って来てくれました。水と食料には困っていなかったので、こうしたことにも意識が向いたのかもしれません。

町内会の安否確認もしました。八月にX寺で町内会の慰霊祭をやって、約四人集まった。その時住所を聞き、名簿を作成しました。

（PAC分析の結果について）一、二、三の三つのグループは一つという感じ。四グループは歴史からは離れていてその時（東日本大震災）のこと。家や地域、震災の歴史があって、将来の復興へ。一〇年はかかるだろうが、などです。このデンドログラムをみて、そう思いました。グループは、自分の考えを表し、よくまとまっていると思います。

Bさんは、一九七八年の宮城県沖地震から災害の発生について丹念に調べ、その過程で地域と家族の歴史に興味を持つようになりました。まさに、過去の災害が予防接種のような働きをしており、今回の災害後も地域の復興に努力している事例です。しかし震災直後は、市から、残った土蔵が土地区画整備事業に支障を来すため、壊すか移築して欲しいと依頼されています。個人では移築が困難であったため、一時は土蔵の撤去も考えましたが、資料ネットに連絡することで保存が可能になりました。そうした経験を支えにして、地域の歴史資料保存に意欲を示し、その後自分の使命として復興に尽力しています。Bさんは、自宅全壊という過酷な経験にも関わらず、被災当日から津波襲来の記録を撮り続け、地域復興に尽力しています。過去から学び、津波の被災状況を理解し知性化することで、激甚災害に打ちのめされることなく、復興にとどまらずその先の地域の発展を見据えています。類まれなレジリエンスを発揮している事例です。

③　対象者Cさんの結果

六〇代前半の男性。レスキューを受けたのは、主に祖父が所有していた古い写真関係の物。自宅は一部損壊で、家族内に犠牲者はいません。

【第一回目】　出身地は宮城県内陸で、レスキューの対象となったのは実家でした。明治時代に分家した家の出身で、彼が三代目です。進学で故郷を出て以来、居住したことはないとのことでした。震災前から、教員であった父母が他界して以来家の整理をしていましたが、今回の震災によって家の取り壊しを決意しました。レスキューを受けながら、家に残っていた歴史的資料や祖父の遺品を公的機関に寄贈し、後片付けを完了しています。

骨董品と見なされた遺品である器の多くは、祖父が戦前に勤務していた満州の研究所時代に購入した唐三彩でした。銀座の美術商に鑑定してもらったところ、一〇年ほど前だったら高値で売れたが、唐三彩は墓所から出土されたものであることが知れ渡り、値が下がったと言われたそうです。それでも九〇万円ほどで売れ、薬剤師であった祖父が大量に所蔵していた薬品類の処分のために使いました。ラベル不明のものを、業者に頼んで一本一万円で処分したためです。

実家の後片付けに着手した時に東日本大震災に見舞われます。この震災以降、実家の片づけは完

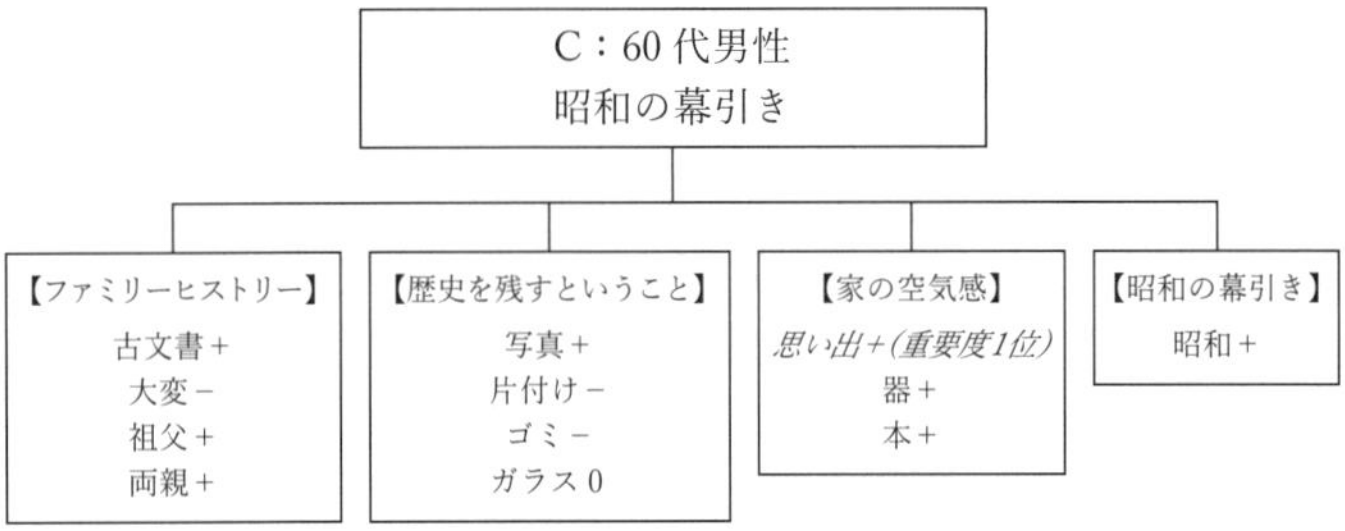

図６　対象者Ｃさんの連想のまとめ

了しました。「個人の思い出の整理」がキイワードになっています。家を継がせるということは子どもたちには求めておらず、都市型の核家族の形態に移行しています。

【第二回目】　一二項目の連想がありました。

重要度一位は、「思い出」でした。一二個の連想の内、九個がプラスイメージでした。マイナスイメージは、「大変」と「片付け」でした。どちらでもないとされたのは「ガラス」でした。なお、ガラスとは、写真撮影の時に用いられたガラス板のことです。

【第三回目】　解析した結果のデンドログラムを示し、まとまり・クラスターそれぞれにタイトルを命名してもらいました。なお、デンドログラムのまとめを【図６】に示しました。

第一クラスター　タイトルは【ファミリーヒストリー】でした。

- 古文書
- 大変
- 祖父
- 両親

第二クラスター　タイトルは【歴史を残すということ】でした。

●　写真
●　片付け
●　ゴミ
●　ガラス
第三クラスター　タイトルは【家の空気感】でした。
●　思い出
●　器
●　本
第四クラスター　タイトルは【昭和の幕引き】でした。
●　昭和
（全体へのタイトル）
●　昭和の幕引き
（語り）

祖父の写真はゴミではない。あれは芸術品。写真は両親のものが、山のようにありました。初めは捨てにくかった。どうすべ（どうしようか）…と思っているとなかなか捨てられないが、最後はどっと捨てました。写真とは両親のもの。祖父のものは美術館に行った、特別のもの。両親のものは、個人的に価値があるもの。世代が変わるとゴミでしょう。ほとんどはゴミ。器もゴミだった。ガラスは、（祖父の）ガラス活版。一枚も捨てていません。T市教育委員会に寄託したので、手元に残ってはいませんが。祖父は自分が五歳の時に亡くなっています。思い出といっても断片的なものでしかない。周りから聞いた話からすると、祖父は大正時代の人らしく厳しい人だったらしいが、孫には優しかった。（思い出が）生々しくない。親はもうちょっと身近なので、いいところも悪いところも見えているので。

父母は、付き合いが広かったが、自分はそういう人間ではない。広い付き合いで、お歳暮やら引き出物やらが山のようにあったが、ほとんどは廃棄しました。

古文書が入ってくるのは、「あ〜、そうか」という感じ。手紙とかではない。大福帳（江戸末期）とかを出した。（宮城歴史資料保存ネットワークの）R先生の仲介で、市に寄託してよかった。「大変」は、世代を超えて次のところに引き継がれること。自分がやらないと、子どもたちも困る。家を継ぐという時代ではもうなくなってきているので。仕事の基盤はQ市。T市でなくてはならない必然性はなくなりました。年をとり、T市に戻ってやっていけるか、今はまだよくわかりませんが。地方では少しは名前のある家で、本家、分家があるが、状況は変わっている。親の代では地域との結びつきがあったが、自分の代になると希薄になっていると思います。

両親は高校の先生だった。父も母も大学は東京だった。二人ともT市の学校が長い。転勤はほとんどありませんでした。両親は、外に出ることは考えにくかったのではと思う。本についても、祖父もそうだったが、両親も、本を読むのも集めるのも好きだったので、ハードカバーの立派な本がたくさんありました。器については、自分はあることさえわからなかった。子どものころの思い出には器は存在していません。家族の写真をみると、背景に器が映っていたりするんですが。すっきり処分して一区切りつけました。震災だけでなく、自分たちの代では今住んでいる所が拠点で、先が見えてきたなと思います。「ゴミではないが、ある種、蓋をした」という感じ。

T市という場所そのものが、自分にとっては昭和。祖父がT市に来たのも昭和一〇年代の戦前だった。そこにまつわるのは、「昭和」というひとまとまり。早い時代から、写真、カメラがある家だったので、写真もたくさんありました。地震で、昭和の幕引ということを思いました。地震がすべてではないにしても、引き金になっていると思います。地震前から片付けは始めていたが、意外に片付けられない。家族でそれぞれがいろいろ言う。進まないので、ある時から、一人で片づけ始めました。昭和を片付けた。価値観は家族それぞれ。自分の平成の時代はこれからだと思います。

（PAC分析の結果について）

このまとまり方は、自分の予想とは違っていたが、話していてそうなのかなと思うようになりました。自分の心の奥の部分に、そういう昭和とか家族とか、塊としてあるのかなと思いました。予想と違っていたのは、古文書。写真ではなく、古文書なのか、と思った。大変、ゴミ、片付けとかは、一つの塊にはならないんだな、とか。捨てる、というのは整理整頓の過程。こうだよ（残すのはこれ）と決まれば、簡単。そこまでが大変でした。デンドログラムを見ると、「個人の思い出の整理」がキーワードになっていると思います。家を継がせるということは、子どもたちには求めていないと、改めて思いました。

Cさんの家族は、震災前から都市型の核家族の形態に移行し、生家がある地元コミュニティとの関係は希薄化しています。連想の内容も、個人と家族の「物」の整理が中心でした。しかしながら、資料レスキューを受けることで、思い出の整理に区切りがついたと述べています。今回のレスキューを振り返ったまとめたことばが、「昭和の幕引き」でした。

おわりに

AさんとBさんは沿岸部に暮らし、生活基盤と地域が壊滅的な被害を受けました。一方Cさんは、地震による損壊はあったものの、生活基盤や地域には大きな被害は受けていませんでした。

Aさんは、主婦として地域に暮らしてきました。今回の聞き取り調査では、Aさんにとって重要なのは家族に係わることとして語られるのではないかと予想していました。しかしながらAさんにとって重要であったのは、レスキューを起点とした経験であるという結果でした。臨床心理士による聞き取りを経験するなかで、Aさんはレスキュー活動の支援の意義を自覚するようになりました。コミュニティにおいて孤立感を深めていたAさんは、自家の歴史をまとめた書籍を読むことで、新たな視点を持つことができるようになり、コミュニティとの交流を再開しています。戦前は地域の名家であり、被災前は、「昔はよかったが…」という失望感があったようです。しかし、震災後、自家の歴史を改めて知り、先祖の地域に対する貢献を誇りとするようになりました。自家の史料に基づき出版された書籍により、他の家族だけでなく、被災後に一時離れていた地域に立ち戻ることができるようになりました。個人的な恨みが払拭され、自らの役割を、「次世代に伝える者」として自覚するに至りました。最初の混乱した感情をクラスターの出発点とし、レスキューによって回復していった自家の歴史に対する誇りと社会的な意味を理解した上で、次世代に伝える役割を自覚したのです。臨床心理士による聞き取り調査の過程で、Aさんは、自らの結果を概括して、混乱がすでに整理されていたことを自覚するようになりました。歴史資料レスキューがまさに心理社会的支援となった事例です。

Bさんは、現在も、コミュニティのさらなる発展のために尽力しています。一九七八年の宮城県沖地震の際に、Bさんは、家族の安否への不安を抱えながら海上にいたました。おそらくはトラウマに近い体験をしたのであろうと思います。その後、Bさんは地域の災害の歴史について調べ始めました。こうした学びは、Bさんにとってトラウマを解消するために重要な役割を果たしていた可能性があります。過去の災害が、ワクチン効果を果たした事例です。しかし壊滅的な被害を前にした時、行政からの要請もあり、Bさんは一時、残った土蔵の処分を考えていました。これに対して資料レスキューは、個人では難しかった課題の解決に大きな役割を果たしました。レスキューによって土蔵を修復するために組まれた足場は、同時にBさん自身の将来を見据えたコミュニティ再生の活動への決心を支える足場ともなったのです。Bさんの語りのなかで、「この震災も歴史として残していく」とする視点も重要なものであると語っています。この視点には、レスキューという活動そのものを歴史として残して行くべきだという意味も含まれています。Bさんは、過去からの学びを支えに今回の震災を俯瞰し、自らの役割を自覚することができたのです。

Aさん、Bさんと異なり、Cさんは津波の被害を受けていません。Cさんにとって、多くの資料は「ゴミ」と化すものでした。しかし、レスキューの支援を受けて整理する過程で、「ファミリーヒストリー」を整理したという自覚を持つに至りました。このケースでは、資料は自らの記憶に繋がるものです。ご先祖のもの、というよりは、思い出を伴う存在でした。私的な思い出を公的な資料に変換する過程で、ファミリーの歴史に幕を下ろし、片付けの荷下ろしをしたということでしょう。Cさんの事例は、親の家の後片付けに関する書籍が本屋に並ぶ現在の日本では、もはや珍しいことではなくなりました。おそらく今後の災害でも、代々のコミュニティをすでに離脱している場合には、Cさんのような傾向が散見されることになるかもしれません。こうした場合にも、資料レスキューは家の歴史を残すという意義を明らかにする活動であると思いました。

本研究の調査は、予想以上に、高齢者が壊滅的な被害を受けてもなお力強さを持ちうることを示す結果となりました。資料所有者にとって、その力強さを支える一環となったのが資料レスキューであったことを、Aさんと Bさんは今回の臨床心理士による聞き取り調査の過程ではっきりと自覚するようになりました。聞き取り調査でレスキューに対する自分の気持ちが言語化される過程で、調査にあたった我々臨床心理士のチームは所有者の主体性と自尊感情が明確になっていく過程を見ることができました。資料レスキューの活動と臨床心理士による聞き取り調査がセットになった時に、自らの語りを通して所有者が気持ちの整理をつけることが可能になったのです。心理社会的支援の好例であると考えます。

精神分析学者であったエリクソンは、乳児から高齢者までの発達段階を想定したライフ・サイクル論という生涯発達のモデルを示しています。一九五九年に出版された著書「Psychological Issues Identity and the Life Cycle」（邦訳『自我同一性　アイデンティティとライフ・サイクル』）のなかで、高齢者の発達の到達点として ego integrity という表現を用いています。「自我の完全性」と訳されています。「自分のライフ・サイクルを受け容れること」（前掲書一一三頁）、「ただ一つのライフ・サイクルと、歴史の一節との偶然の一致であることを自覚している」ことでそれまでの経験を統合し残り少なくなった自分の人生を受け入れることが高齢者の発達課題であると述べています。今の日本で、六〇代を高齢者と呼べるかということについては異論もあるでしょうが、津波被害を受けた対象者は六〇年以上に亘り築いてきた人生の基盤を失うことになりました。しかし、文書に残された家族の記憶がレスキューによって再生されたことで、一旦は危機的状況に陥った自らのライフ・サイクルを受け入れ、未来に渡す意義を自覚するようになりました。津波被害を受けることがなかったC

さんのような事例でも、家族の歴史を自らの手で幕引きするという困難さを、レスキュー活動に支えられて引き受けていたことが示されました。

【今後への提言】

二〇一七年七月、横浜にて、四年に一度開催される国際学会が開かれました。歴史学と心理学で連携した今回の調査結果を、学会招聘シンポジウムとポスターセッションにて報告したところ、各国の参加者から多くの関心を寄せられました。最も印象的だったのは、ロシアと中近東から参加した研究者のコメントでした。どちらの地域も、一方は原発事故、他方は戦闘によって多くの人々が住み慣れた地域を失うことになりました。移住によって安全は確保されたものの、失われた地域の歴史や文化の記憶をどのようにして残して行くかが大きな課題になると話してくれました。人々の精神保健を考える上で、資料レスキューの活動と臨床心理士の後方支援活動の在り方が参考になったという感想が寄せられた。今回の筆者らの調査で、資料レスキュー活動と資料所蔵者の思いを聞き取るという活動がセットになった場合、大きな効果を持つことが示されました。こうした支援活動を、今後も心理社会的支援のモデルケースとして提起して行きたいと考えています。

二一世紀に入り多発している自然災害は、途上国のみならず世界中の地域、社会に広範囲に襲いかかり、大きな被害を多数の人々の生活に及ぼすようになりました。こうした状況において、生命の安全と物理的な安心が確保されることは第一の課題になります。時間経過に伴い次に課題となるのは、大震災そのものも含めた人々の記憶と記録を後世に伝えることであります。調査に携わりながら、まさに歴史的な現場に立っているのだということを対象者の方たちから教えていただき、今回の研究の意義への思いを強くしました。聞き取り調査にご協力いただいたすべての方たちに、深く感謝したいと思います。

参考文献

(1) Tyhurst, J.S. Individual reactions to community disaster: The natural history of psychiatric phenomena.（American Journal of Psychiatry.107. 七四六～七九六頁、一九五一年）
(2) Bonanno, G.A., Brewin, C.R., Kaniasty, K., & LaGreca A.M. Weighting the costs of disaster: consequences, risk and resilience in individuals, families, and communities.（Psychological Science in the Public Interest, Vol.11, No.1、一～四九頁、二〇一〇年）
(3) ＩＡＳＣ災害・紛争等緊急時における精神保健・心理社会的支援に関するＩＡＳＣガイドライン www.who.int/hac/network/interagency/news/iasc_114023.pdf（２００７）
(4) 上山真知子「避難所での子どもの遊び場づくりの一カ月―その意味を考える―」（『発達』一二八号、二〇～二八頁、ミネルヴァ書房、二〇一一年）
(5) 上山真知子「被災地の子どもたちへの心理社会的支援―遊び場作りを通しての考察」（『精神医療』六五号、六五～七四頁、二〇一二年）
(6) 上山真知子「教師支援を通して見えてきた被災地の今」（『発達』一三三号、一八～二五頁、ミネルヴァ書房、二〇一三年）

(7) 上山眞知子「東日本大震災後の心理社会的支援―被災地の心理学者として学んだこと―」（村本邦子・中村正・荒木穂積編著『臨地の対人援助学』第六章、五九～六九頁、晃洋書房、二〇一五年）

(8) Bland, S.H., & O, Nerry, E.S., Parinaro, E., Jossa, F., & Trevusan ,M. Long-term Psychological effects of natural disasters. （Psychosomatic Medicine. 58、一八～二四頁、一九九六年）

(9) Cook,J.M., & Elmore, D.L. Disaster mental health in older adults: Symptom, policy and planning. In Y.Neria, S.Galea, & F.N.Norris（Eds.）, Mental health and disasters. Cambridge University Press. 二三三～二六三頁、二〇〇九）

(10) Kato, H., Asukai ,N., Miyake,M., Minakawa, K., & Nisikawa ,A. Post-traumatic symptoms among younger and elderly evacuees in the early stages following the 1995　Hanshin-Awaji earthquake in Japan. （Acta Psychiatrica Scandinavica. 93. 四七七～四八八頁、一九九六年）

(11) Knight, B.G., & Gatz, M. Age and emotional response to the northbridge earthquake: A longitudinal analysis. Psychology and Aging. Vol.15, No.4. 六二七～六三四頁、二〇〇〇年）

(12) Haight ,B.K. The therapeutic role of a structures life review process in homebound elderly subjects.（Journal of Gerontology: Psychological Sciences. Vol.43, No.2、四〇～四四頁、一九八八年）

(13) 菅沼真樹『老年期の自己開示と自尊感情』（『教育心理学研究』四五巻、七五～八六頁、一九九七年）

(14) 野村信威、橋本宰「老年期における回想の質と適応との関連」（『発達心理学研究』第一二巻第二号、七五～八六頁、二〇〇一年）

(15) 野村信威「地域在住高齢者に対する個人回想法の自尊感情への効果の検討」（『心理学研究』第八〇巻第一号、四二～四七頁、二〇〇九年）

(16) 内藤哲雄『ＰＡＣ分析実施法入門［改訂版］「個」を科学する新技法への招待』（ナカニシヤ出版、二〇一二年）

⒄　E・H・エリクソン著、小此木啓吾訳編『自我同一性―アイデンティとライフ・サイクル―』（誠信書房、一九八三年）

5　地域の歴史を学び、考え、発信する

――岩出山古文書を読む会の成果から――

荒武賢一朗

はじめに

古文書を読み、楽しみ、そして歴史の重要性に直接ふれる人たちを増やしたい、というのが現在の私にとって最大のテーマです。さらに欲を言えば、専門家のみならず、いろいろな方々と一緒に資料調査や研究をやっていきたいと願っています。率直な表現では「みんなで歴史の研究をしよう！」ということですが、本章ではそれを実践されている「岩出山古文書を読む会」（宮城県大崎市）のみなさんについて紹介をしながら、私たち歴史研究者は何をすべきか、という問いかけに答えてみたいと思います。

今から二〇年ほど前、大学院に入学したばかりの私が必死になって取り組んだのは古文書の解読でした。自分がやりたい江戸時代の歴史研究を進めるためには、資料を読む力を養わなければなりません。大学や研究会では、恩師や先輩たちが落ちこぼれの私を熱心に指導してくださり、少しずつ読めるようになって古文書のおもしろさがふつふつと湧いてきたことを思い出します。ただし、当時は自分のことで精一杯、今まで誰も知らなかった史実を明らかにする喜びに過ぎませんでした。その後、たまたま友人から頼まれた社会人のみなさんが自主的に運営している古文書講座の講師を引き受けることになり、古文書を通じて熱心に学問を続ける人々とふれあい、私が細々ながら勉強している内容は社会のために役立つことを実感しました。

これがさきほど述べた「みんなで歴史の研究をしよう！」という発想の原点です。それから「本業」の歴史研究とともに、学生や社会人、最近では日本で学ぶ留学生、あるいは海外で日本学を専攻する人々に古文書学習を指導する機会を得ています。そのような流れのなかで、今回の主人公、岩出山古文書を読む会の熱心な活動に出会うわけですが、みなさんと接するなかでほかとは異なる貴重な経験をしました。

一．岩出山古文書を読む会と上廣歴史資料学研究部門

1　岩出山古文書を読む会

歴史を学ぶ者にとって「記録」は大変重要な作業です。岩出山古文書を読む会（以下、「読む会」と省略）は節目に必ず記念誌を発行され、折々のエピソードや出来事を丁寧にまとめておられます。私がいま原稿を書いている二〇一八年に「読む会」は四〇周年を迎え、一〇月には記念式典が盛大におこなわれました。同時に四〇周年記念誌も出版されましたが、ここでは手元にある『二十五周年記念誌』（二〇〇五年）からその歴史をたどってみます。

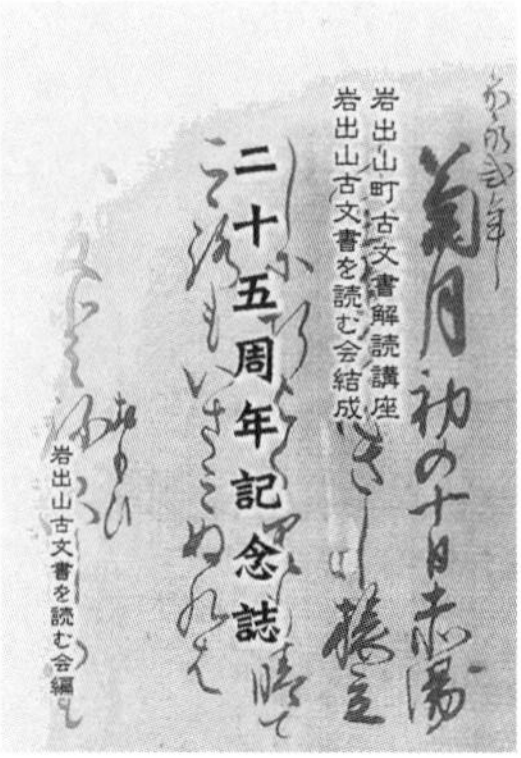

写真１『岩出山古文書を読む会結成二十五周年記念誌』表紙

一九七七年（昭和五二）三月、郷土史と古美術を学習する団体「岩出山未来クラブ」（伊藤信平会長）が発足し、ここから地域の古文書を学ぶ動きが始まります。このクラブが原動力となって、翌年から当時の岩出山町公民館で「古文書解読講座」が開かれました。第一回は地元在住の菅原雪枝さんたちが講師を務め、受講生は五七名とあります。その後、一九八五年（昭和六〇）三月に未来クラブは「岩出山古文書を読む会」に改称し、現在に至ります。二〇〇五年当時、高橋盛会長（現顧問）が記された「古文書講座開設とその経過」によると、読む会となってからの一九八八年（昭和六三）には、講座のクラス分けがなされており、初級（年間一一回、受講者二二名、テキスト「小倉百人一首」「往来物」）・中級（一一回、二六名、「伊達家文書」）・特別二クラス（九回、三九名、「奥の細道」）・演習（一一回、二六名、「法禁」）と書かれています。活動の実践が本格化するとともに、組織体制も拡充している様子も数字上からわかってきます。みなさんが勉強されたテキストは、一般に広く知られた史料から少しずつこの地域に関する古文書へと移っていき、宮城県図書館・古川図書館（当時）などの所蔵文書、さらには岩出山および近隣地域の個人所蔵まで、さまざまな性格を持つ興味深いものが並んでいました。また、『二十五周年記念誌』の「終わりに」を記した高橋さんは、「古文書に親しみ、その読解力と活用能力とを養いもって地域文化の向上に寄与することを目的として、解読を楽しみながらやってきました。地域の歴史を掘り起こして、地域文化をこの岩出山から発信していくという「大きな志」を持っております。」と力強い一文で締めくくっています。

講座の内容、テキストの選定、組織運営など、ゼロから作り上げる過程には「山あり谷あり」がつきものです。高橋さんからバトンを引き継がれた現在の菊地優子会長から教えていただいた話では、会員の高齢化などで一時は数名の規模に落ち込んだ時期もあったとのことでした。そのため、ピーク時にはレベルにあわせて設定していたクラスも減らすことになり、新規会員の加入がない状況が続いたようです。以前のように初級・中級・演習といった区分がないため、長年学習をしている人たちと、初めて古文書解読を勉強したいという方々が一緒に受講することは難しい。そこで菊地さんが発案されたのは、岩出山公民館主催の「初めての古文書講座」だったのです。毎年、回数限定で初歩から指導することをテーマに菊地さんが講師を務め、「ちょっとやってみようかな?」という人々に気軽な感じで参加してもらおうという企画には徐々に関心が寄せられ、そのなかから読む会へ「正式入会」するというパターンが定着しています。その積極的な動きが功を奏して再び読む会に活力が戻ってきたのです。

写真2　岩出山古文書を読む会
（講師・菊地優子さんと受講者　2012年5月11日）

　実はこの菊地さんが考案されたアイディアおよび講座名称を私は拝借し、宮城県白石市で「初めての古文書講座」を展開しました。白石市教育委員会・中央公民館と上廣歴史資料学研究部門の共同企画で二〇一三年から開始した「初めての古文書講座」から、同年七月には「白石古文書サークル」（鈴木丈夫会長）が結成されて毎月一回の講座をおこなっています[1]。毎年、白石市中央公民館の講座として前期五回、後期五回の合計一〇回開催し、そこから数名の方々が「サークル」へ入会されることで発足当初の一三名から二六名に会員数は倍増しました。岩出山と同じく、白石でも古文書の勉強をしてみようというきっかけは十人十色ですが、「地元の文化を知りたい」、「くずし字を読んでみたい」、そして「先祖の歴史をたどってみたい」など、いずれも熱意を秘めながら「どこにいけば勉強できるのか？」と思いをめぐらし、白石市の広報を手にとってやっと見つけたのだという方々もいらっしゃいます。たしかにみなさんとお話をして気付いたことは、古文書を学ぶ、あるいは地元の歴史にふれる、という機会の少なさでした。これは私たち研究者の発信が弱かったこと、地域の人々と一緒に勉強をしようという意識が低かったことなど、原因はさまざま考えられますが、「みんなで古文書を勉強しましょう！」と健全な方向に進みつつあるのが岩出山や白石の現状でわかります。

2　上廣歴史資料学研究部門の発足と岩出山

私は二〇一二年四月、東北大学東北アジア研究センターに開設された寄附研究部門「上廣歴史資料学研究部門」（以下、「部門」と省略）で仕事をすることになりました。この部門は、公益財団法人上廣倫理財団の支援を得て東北大学災害科学国際研究所やＮＰＯ法人宮城歴史資料保全ネットワークなどと連携し、地域の歴史資料を保存し、後世に伝承するという役割を持っています(2)。

発足当初から平川新部門長、高橋陽一助教（当時）とともに歴史資料学の発展に努めてきました。私たちが果たすべき役割はたくさんありますが、大きな柱として歴史資料調査、古文書および歴史講座、そして成果の公開・出版が挙げられます。いずれも所蔵者をはじめ、地域のみなさんとの連携なくして発展はない課題だと思っています。

部門が発足して間もないころ、東北大学災害科学国際研究所の佐藤大介准教授に「地域で古文書講座をやってみたい」と相談したところ、「それならば岩出山古文書を読む会が最適」とのアドバイスを受け、佐藤さん、高橋陽一さんと一緒に岩出山を訪問しました。私にとっては初めての岩出山で、菊地優子さんと高橋盛さんにお話をする機会を得たのです。お二人から読む会の状況を伺い、とても興味深い話をたくさん聞かせていただきました。ちょうど、お二人が長年関わっておられた岩出山町史の編纂事業が完了しつつあり、引き続き地域からの成果発信を読む会の活動と歩調をあわせておこないたいとのご希望がありました。

やる気に満ちあふれた雰囲気のなかで、思わず私が口にしたのは「来月あたりから私に講師をやらせてもらえませんか？」という言葉でした。突拍子もないことでとてもびっくりされただろうと察するのですが、ご快諾をいただいて読む会の中級講

写真 3　岩出山地区公民館
（左の黒板には「古文書様」 2012年4月18日）

座を担当することになりました。それから一年半ほど、毎月二回（第一・第三月曜午後）のペースで有備館の向かいにある岩出山地区公民館への「通学」が始まったのです。当時は初級講座を菊地さんが指導され、およそ二〇名の受講者がいらっしゃる中級講座を私に任せていただいたのですが、講義どころか岩出山の歴史を教えてもらう立場に近かったと思います。ただ、現在の情景を目の当たりにしながらみなさんと岩出山の史料解読を進めていく作業は新鮮そのもので、大いに勉強をさせていただきました。私自身、初めて宮城県の歴史にふれる原点ともいえ、教壇で得られる緊張感（身の引き締まる思い）は格別なものがありました。

二．ともに学ぶ　―議論を深める講座運営―

1　古文書講座の実施

読む会の役員にお伺いすると、二〇一八年一〇月時点で会員は六一名とのことです。現在は、初級・中級のクラスは改編され、岩出山教室と古川教室、そして演習（通称「ゼミ」）の三本立てで運営されています(3)。話を二〇一二年に戻すと、中級講座のテキストは岩出山町史で調査をされた古文書を使わせていただきました。これは菊地さん、高橋さんが編纂委員・専門委員の先生たちと一緒に発見されたものばかりで、また私が興味を持つだろうという期待を込めて選んでもらったと思います。岩出山、大崎市のきれいな空気を吸いながら、古文書を読むという願ってもないありがたさを感じました。二〇名ほどの受講者のうち、当時「初めての古文書講座」から来られたばかりの数名とは同級生、熟練の先輩たちは上級生といった具合に私は思っていましたが、テキストに目を移すと読めない文字はたくさんあります。とくに地名はわからないし、地元では誰もが知っている歴史上の有名人も存じ上げない。そのあたりは「古文書の達人」である高橋盛さん、菊地さんに頼り、なんとか「講師役」をこなしておりました。また、会員のなかには地名・城郭研究の専門家、書道の名人、地域交流の名手がおられ、ずいぶんと助けていただいた記憶があります。古文書の読み方や解釈をめぐってみなさんと議論をすることは大変心地よく、次につながる可能性を強く感じました。通常の講座以外にも春と秋には研修旅行が企画され、担当する方々は事前の資料作成や下見を念入りにおこなわれ、用意周到かつ重厚なフィールドワークも貴重な学びの場です。

写真4　岩出山史跡めぐり
（2012年8月30日）

岩出山を知ったばかりの「素人先生」が仙台からやってくる意義とは何か、少し考えてみたいと思います。最も大きいのは、「みんなと違う人」が新しい風を吹き込むことではないでしょうか。私たちも普段の研究活動では学会や研究会、あるいは職場で専門家ばかりのなかに入り、いろいろな議論をします。もちろん知り合いばかりの顔なじみで課題をクリアにすることはとても重要ですが、立ち止まってみると「井の中の蛙」になっているかもしれません。そこに新しい仲間が加わることで良い波及効果を受けることもしばしばです。何気なく読んでいた史料は、ほかの地域にはない特徴を持っていた、あるいは日本史研究全体に重要な意義を持つ古文書があるなど、「ほかの視線」で得られる成果は多分に期待できるでしょう。人はそれぞれ関心を持つ事柄、ものの見方が違いますので、お互いに知らないことを教えあい、相乗効果をあげることができます。これは大学で授業をしていて、学生から質問を受けるときにも共通しますが、「そこは気付かなかった」という意見を出し合うことで、改めて考えてみる大切さを学びます。

2　講座地域の歴史を学ぶ

古文書講座でいろいろな史料を読み進めていくなか、「みんなで共有したい」という気持ちが高まっていきました。この「みんな」というのは、私や受講者だけではなく、地域の「みんな」という意味を含んでいます。くずし字を読むことはできないけれど地域の歴史や文化をもっと知りたい、という探究心をお持ちの方々は多いと思います。さらに自分たちの学習成果を広く知ってもらいたいと私たちは考え、そこで始まったのが「講座・地域の歴史を学ぶ」です。

その名の通り、まさに地域の歴史を学ぶためのイベントになりますが、第一回の二〇一二年は会

写真 5　講座：地域の歴史を学ぶ◎岩出山
（大崎市岩出山文化会館　2015 年 11 月 21 日）

写真 6　「講座：地域の歴史を学ぶ◎鬼首」の準備作業（2013 年 9 月 30 日）

員を含めた出席者は約六〇名、それが二〇一六年には二五〇名を超える聴衆にご参加いただきました。また、二〇一三年には大崎市内の鬼首でも開催し、こちらも一二〇名の方々が足を運んでくださったのです。いずれもテーマは、その時々に読む会のテキストになった古文書の内容を披露するもの、あるいは地域の歴史にちなんだ講演を専門家にお願いするなど、地域のみなさんが期待する「わが町の話」に特化しています。地元への貢献という意義は十分あるかと感じていますが、それだけが大きな関心を集めた理由ではありません。読む会のそれぞれが近所の人に声をかけ、チラシを配り、万全な宣伝を展開したからです。会員各位による広報活動は、地域のなかに「古文書が大切なもの」で「末永く守っていくもの」だという意識を植え付け、社会におけるつながりを再確認できる機会になったと思います。

とくに鬼首の場合は、同じ市内とはいえ岩出山からずいぶん離れたところでおこないましたが、当地のみなさんが温かく迎え入れてくださったことと、かつて鬼首で小学校教諭をされていた会員の川村俊男さんが教え子たちに「強く」参加を呼びかけ成就したものです。開催当日に至るまで会員のみなさんは広報のほか、道中の案内板設置や会場設営に全力を注がれました。そのことによって、鬼首のみなさんとも協力しながら良い講座が実現したのです。現在の大崎市は二〇〇六年に一市六町が合併してできた広大なエリアを有していますが、古文書を通して岩出山、鬼首、古川といったように域内の連携が進んでいるようにもみえます。

三．史料調査と展示・出版事業

1　吾妻家文書の調査と企画展

私がみなさんと合流するはるか以前から、岩出山古文書を読む会では地元、さらに県内外の史料所蔵機関に出向いて写真撮影をおこなうなど、活発に調査が実施されていました。その端緒になったのは『岩出山町史』の編纂事業だったと聞いています(4)。このときに収集された古文書は町史の執筆に利用されましたが、その後に発見したものを含めてまだ世に出ていない貴重な史料が数多くあります。さきに紹介した高橋盛さんの言葉にならえば「地域史料の掘り起こし」は、いまだ道半ばともいえるでしょう。

県外から移ってきた私がとくに興味を持ったのは、「江戸時代の宮城を知るカギは北海道にあり」

ということでした。全国各地を史料調査で訪れて、おおよそ共通することは江戸時代の史料はそのまま地元にあるという傾向です。もちろん何らかの理由でほかの地域で保管されている場合もありますが、基本的には現地で受け継がれています。しかし、旧仙台藩にゆかりのある古文書は戊辰戦争後に北海道へ渡った人たちが移住先へ携えていき、その後も子孫が守っておられることが多々見受けられるのです。岩出山伊達家の場合は、殿様である伊達邦直自らが家臣を連れて北海道へ行き、現在の当別町を定住の地としました。菊地さん、高橋さんは岩出山町史時代に当別町で調査を実施され、その事情をよくご存じでした。江戸時代の岩出山を明らかにできる重要史料は当別にたくさんあるのですが、とりわけお二人が注目したのは一万点以上の文書群「吾妻家文書」です(5)。

岩出山伊達家の家老を務めていた吾妻謙は、戊辰戦争敗北後に主君邦直へ北海道開拓を進言し、その経緯から一八六八年（明治元）に開拓幹事・主事を命じられました。幾度となく苦難に見舞われた吾妻は、開拓のリーダーとして当別町の礎を築いていくことになります。この活躍ぶりは、のちに本庄陸男の小説『石狩川』のモデル（主人公・阿賀妻謙）として描かれていますが、そもそも吾妻家に伝来する岩出山の歴史資料はほかで確認できない重要な史実を含んでいます。そこで菊地さんのご提案から二〇一五年より読む

写真7　北海道当別町の記念碑
（当別神社　2013年10月28日）

会・部門の共同事業として、吾妻家文書の調査に着手しました。所蔵者の吾妻高志・行雄両氏にお許しをいただき、岩出山公民館で読む会の有志を中心に作業が開始されました。私たちがおこなったのは、古文書を一点ずつ封筒に入れ、封筒の表に調書（表題・作成年月日・作成者・宛先など）を記し、それをパソコン入力して文書目録を作成するほか、写真撮影も同時に進めました。部門のスタッフは頻繁に参加することができませんが、読む会有志のみなさんは毎週公民館の一室で丁寧に一点ずつの調査を手がけられました。おおよそ九〇〇〇点（正確には一万点を超える）におよぶ作業が完了し、吾妻さんから当別町へ寄贈されるまで数年の歳月がかかっていますが、調査メンバーの粘り強い努力によって果たされた一大事業です。講座で取り扱う難しいテキストをスラスラと読んでいるみなさんも、ごく一部の経験者をのぞいて目録を作っていく未知の工程に最初は戸惑っておられましたが、徐々にコツをつかみながら一所懸命の「格闘」で見事な成果を手にされました。

写真8　吾妻家文書の整理作業に着手
（2015年5月14日）

調査は途中であるけれども、少しでも早く、そして多くの人々に知らせたいという思いから、二〇一六年九月一〇日から二五日まで、岩出山・森民酒造店の昭和レトロ館をお借りして企画展「岩出山から当別へ　歴史の架け橋～吾妻家文書展～」を開催しました(6)。また、これにあわせて「講座・地域の歴史を学ぶ「北の大地に渡った侍たち～北海道開拓と岩出山伊達家～」」を期間中の一七日に大崎市岩出山文化会館で実施することで、岩出山だけではなく当別からも多数ご来場をいただくことができたのです。二週間ほどの展示には七〇〇名を超える方々が来訪されて大当たりの結果となりました。

ここでも読む会のみなさんは、自分たちで展示をする、そして来場者に対して解説をする、という新たなジャンルに踏み込みます。展示のアウトラインや解説文・翻刻文の作成は菊地さんや部門スタッフが中心でしたが、わかりやすく展示を紹介するための地図、写真、図表の配置、展示ケースの設定に至るまですべて手作りの展覧会は圧巻ともいえる出来栄えだったと思います。これには

写真９　企画展「岩出山から当別へ歴史の架け橋―吾妻家文書展―」ポスター

大崎市役所・教育委員会、我々の依頼に快く応じてくださった森民酒造店、当別町のみなさん、展示パネルを無償で貸与された北海道神宮、取材に駆けつけた新聞社の方々など、読む会を支援する仲間が多いことにも驚かされました。古文書を読んで楽しむという目的からずいぶん飛躍している感じはありますが、史料調査を通じて社会に一体感が生まれたという印象を持ちます。さらに、展示史料を解

大崎市民ら解読中の「吾妻家文書」
政宗宛ての手紙発見
四男・宗泰宛て7通も

写真 10　吾妻家文書から伊達政宗宛ての書状発見
（河北新報 2017 年 9 月 2 日付 27 面）

説するという案内役もみなさんには貴重な経験になったのではないかと回想します。自分で読むだけに終始せず、来場者に内容を伝えるメッセンジャーとしての達成感もあったはずです。期間中はみなさんが交代で当番を務め（私も微力ながら三日間だけ）、機敏に動き回る姿を拝見し、頭が下がる思いでした。

2　岩出山の成果を発信する　―出版事業―

古文書講座において史料を解読し、理解を深めていくことから始まり、講演会や展覧会の企画・運営へと続く動きをご紹介してきました。これで十分満足せず、学んだ成果を本にしていくことも読む会が現在進行形で取り組まれている事業です。最初にもふれたように、読む会では節目ごとに記念誌の出版をおこない、そこでは年表形式の運営記録や会員諸氏の感想、そして史料の紹介もなされています。宮城県下にはほかの古文書を読む会・郷土史会でも積極的な資料集や会誌の発行があり、これはひとつの地域的特徴だと考えていますが、獲得した知識を書籍にするのはハードルが高いとはいえ、是非ともなすべき活動です。私が中級講座でみなさんと一緒に古文書を読んでいたころ、読む会の成果を形とし後世に伝えるべきではないかと考えました。毎月二回、難解な古文書に挑んで読みこなせてもその記録がないのはもったいない。偶然にも二一世紀の大崎市岩出山で頻繁に顔をあわせる仲間が「歴史」をのこす意味は十分にある、というようなところからの発想です。そこで東北大学東北アジア研究センター報告の第一〇号として会員有志のみなさんと本を出版することにしました(7)。この本の紹介文(荒武執筆)は以下の通りです。

本書は、二〇一二年(平成二四)一二月に開催した「講座・地域の歴史を学ぶ◎岩出山」の成果と、宮城県大崎市域の歴史資料調査についてまとめたものである。具体的には古代の多賀城廃寺をめぐる検討、江戸時代の岩出山伊達家についての人的諸関係や記録の分析、大崎市西部の鳴子や川渡などについて文献資料や絵図を用いて史実の解明をおこなっている。当地で歴史資料の解読を手掛けている岩出山古文書を読む会の会員諸氏と東北大学の歴史研究者が協力しながら考察を深めたものとしてぜひ御覧いただきたい。

読む会から菊地さん、鴇田勝彦さん、宮田尚夫さん、東北大学からは堀裕さん(「講座・地域の歴

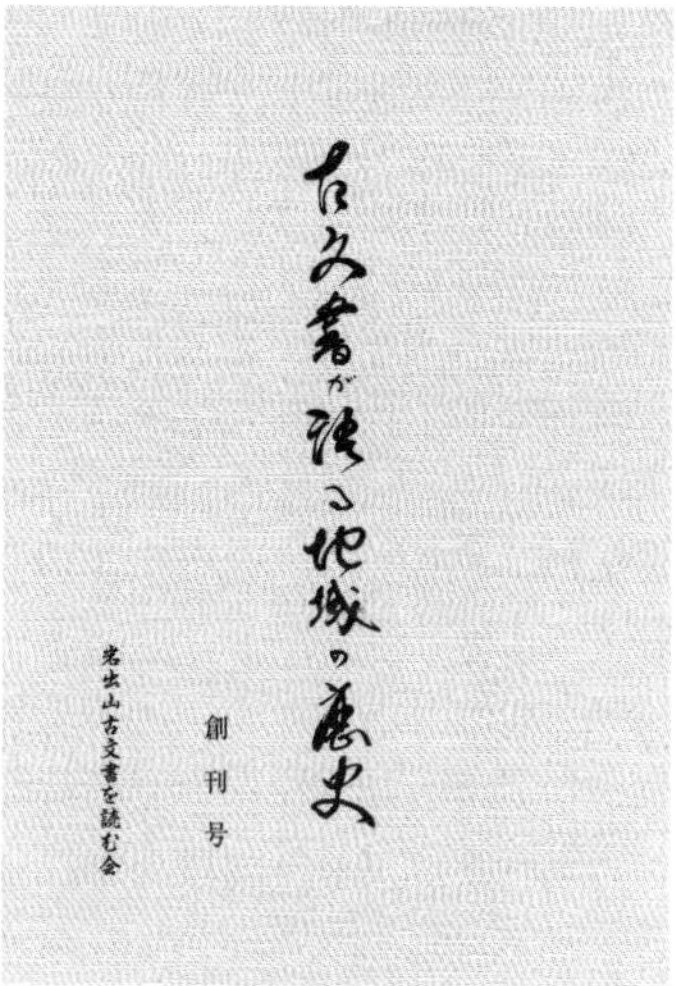

写真 11 『古文書が語る地域の歴史』表紙

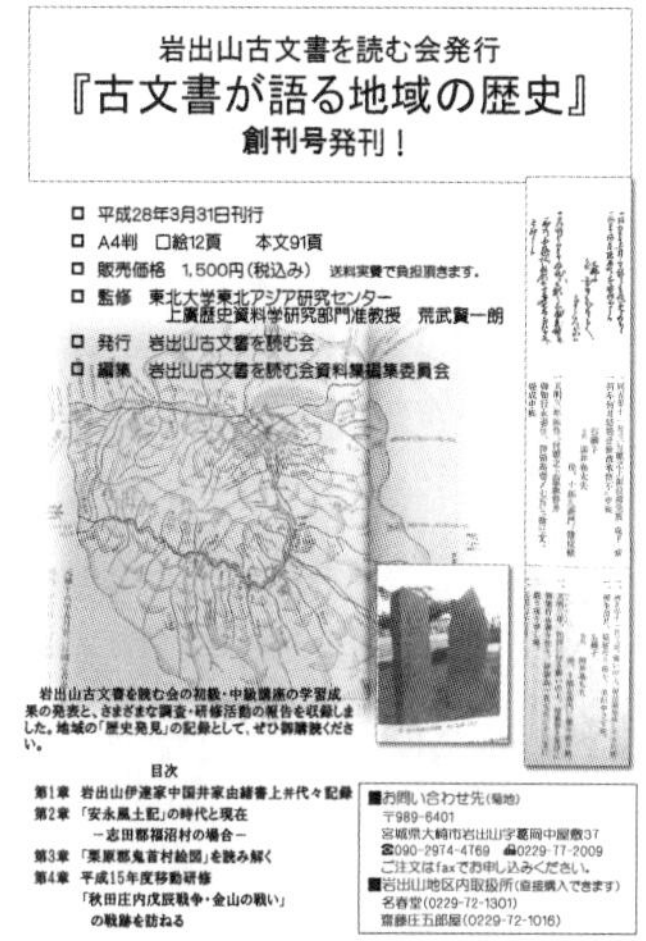

写真 12 『古文書が語る地域の歴史』チラシ

史を学ぶ」で講演を引き受けていただいた、文学研究科教授）、高橋陽一さん、荒武が執筆者として入り、一冊の書籍になりました。いずれも中級講座、講演会の成果を中心に書かれた論考で地域史研究に資するものといえます。

　その後、続編を出版したいですね、という話を相談していたところ、会員のみなさんから読む会発行の書籍を作ってみたいとの希望が出てきました。そこで我らが「隊長」川村俊男さんが編集長となって岩出山古文書を読む会編・発行『古文書が語る地域の歴史』創刊号が二〇一六年三月に出版されます。私も監修という形でみなさんのお手伝いをやりましたが、これもほとんどは編集委員会で立派な原稿を用意され、興味深い史料がたくさん紹介してあります。さらに現在、第二号・第三号を目指しているという流れで、近々に新たな成果が公表される予定です。本書もそうですが、出版には責任が生じますから、作業としては時間の要する、気の長い話となるのですが、自分たちで「古文書を読み、考え、そして発信する」というすべてをまかなう姿勢に感服しています。

おわりに　―岩出山モデルの普及と進化を目指して―

私がおよそ七年間、岩出山古文書を読む会のみなさんに接したきたなかで、ともに学んだことや教えてもらったことを記しました。書いてみると、まだまだこんなことも、あんなことも、と頭に浮かんできますが、今回はひとまずこのあたりで締めくくりたいと思います。

勉強を始めたときのことを考えてみれば、くずし字を解読する行為そのものが最初の大きな壁といっても良いでしょう。それができるようになったら満足、ということでも誰も文句は発しません。ただし、ここで紹介した解読の成果を講演会、調査、文書目録の作成、さらに出版へとスケールアップしていくみなさんの活動を知ってしまうと、歴史資料学の領域がどんどん広がり、ほかの地域でもぜひ挑戦してほしいという願いが生まれてきます。私たちが目標としている「地域と歩む歴史学へ」というテーマをまさに実践されている岩出山古文書を読む会に敬意を表しつつ、これからの歴史資料の保存、活用にまた頑張るぞ、と決意を新たにしているところです。

注

(1) 白石市における活動は、本書「1」を参照されたい。

(2) 部門の活動開始などは、高橋陽一「歴史通信　地域と歩む歴史学―上廣歴史資料学研究部門の活動―」(東北大学国史談話会『国史談話会雑誌』五四、二〇一三年)で詳しく紹介している。

(3) そのうち岩出山教室(毎月第一・第三火曜午後開講)は、現在藤方博之氏(部門助教)が講師を務めている。

(4) 『岩出山町史』は、一九七〇年(昭和四五)発刊の上・下巻、二〇〇〇年代に入ってからの通史編上・下巻、民俗生活編がある。またこれと同時進行で『岩出山町史資料集』と『岩出山町史文書資料』のシリーズで貴重な歴史資料が出版されている。

(5) 吾妻家文書に関しては、友田昌宏・菊地優子・高橋盛編『岩出山伊達家の戊辰戦争―吾妻家文書「奉宿若御用留」を読む』(東北大学東北アジア研究センター叢書五三、二〇一四年)、同編『岩出山伊達家の北海道開拓移住―「吾妻家文書」を読む―』(同叢書六四、二〇一八年)を参照されたい。

(6) 企画展図録『岩出山から当別へ　歴史の架け橋～吾妻家文書展～』(岩出山古文書を読む会・東北大学東北アジア研究センター上廣歴史資料学研究部門、二〇一六年)を発刊している。

(7) 荒武賢一朗編『地域の歴史を学ぶ―宮城県大崎市の文化遺産―』(東北大学東北アジア研究センター、二〇一三年)。東北大学機関リポジトリTOURでダウンロード可能。

あとがき

荒武賢一朗

歴史研究者として「現場」にこだわって仕事をする。これが私のモットーであり、ライフワークでもあります。その気持ちがどこかに消えてしまえば、自分の研究は誰にも理解されることはないだろうと思っています。

二〇一七年のシンポジウム「歴史資料学と地域史研究」で、本書執筆者の櫻井和人、泉田邦彦、髙橋陽一、上山眞知子の各氏から貴重なお話しを聞かせていただきました。みなさんのお話しはそれぞれの現場から考えるという共通性を持っています。大きく分けると、櫻井さんと髙橋さんは歴史資料保全活動の実践と展開を、泉田さんと上山さんは二〇一一年三月の東日本大震災をきっかけにご自身の専門からアプローチをされています。櫻井さんは二〇年近く勤務されている宮城県白石市の活動について、髙橋さんは宮城県川崎町の佐藤仁右衛門家文書調査を基礎として、お二人とも古文書を地域にどのような形で還元していくのか、という積極的で新しい動きを詳しく説明されています。また、泉田さんは出身地である福島県双葉町の歴史を継承する仕事を、上山さんは臨床心理学の立場から歴史資料レスキューとの関係を読み解いておられます。このような現場から地域住民、研究者がともに手を取り合ってより良い方向に進んでいく様子は、私たちに大きなヒントと可能性を与えてくださいました。これはぜひとも出版すべきだという高橋さんの提案に大賛成で、私も岩出山古文書を読む会が日頃から努力されている状況を紹介したいとお願いし、本作りの仲間に加えていただきました。

歴史の教訓をいかす、という言葉はたびたび社会のなかで注目されてきました。とくに東日本大震災直後にはさまざまな観点から取り上げられたと記憶しています。これも論者によってとらえ方の違いはありますが、学問の区分からすると文系・理系を問わず、いかなる専門領域にも「歴史」は存在します。そうだとすると、分野を超えて議論のできる土俵にもなり得るのではないでしょうか。たとえば現在私が参加している調査では、考古学、伝統建築、石造物、民俗学、そして古文書を扱う人々が集まり、ひとつの地域で一緒に議論を重ねています。「隣の人」がやっている内容で細かいことはわからないけれど、素人の発想をぶつけてみると意外にも新しい切り口がみえてくる。そんなこともよくあります。

本書が織りなす最大の特徴は、そこに住み暮らす地域の人々と研究者が連携し、次の段階を目指そうとする状況を確認できたことにあります。歴史資料やレスキューの話を専門家だけで議論することも当然必要ですが、「隣の人」が一所懸命に取り組む活動を真摯に受け止め、地域住民とともに成果を分かち合う。あるいは、困難な場面に遭遇した際、どのような支援が適切か、自分には何ができるのか、といった意識を絶えず持ち続けることが私たちに課せられた使命だと考えています。

私たちの日常活動からシンポジウム、そして本書の刊行まで多くのみなさんにご協力と激励をいただきました。誠にありがとうございます、そしてこれからもよろしくお願いいたします。とくに東北大学東北アジア研究センター、公益財団法人上廣倫理財団には深甚なるご支援を賜っていますこと、厚く御礼を申し上げます。

二〇一八年師走　枯れ葉舞い散る青葉山にて

執筆者紹介

荒武　賢一朗（あらたけ　けんいちろう）　編者　第5章執筆
　一九七二年京都府生まれ。関西大学大学院文学研究科博士後期課程修了。大阪市史料調査会調査員、日本学術振興会特別研究員、関西大学助教などを経て、現在は東北大学東北アジア研究センター上廣歴史資料学研究部門准教授。歴史学、歴史資料学、日本経済史について研究。主要論著に、『屎尿をめぐる近世社会─大坂地域の農村と都市─』（清文堂出版、二〇一五年）、『世界遺産を学ぶ─日本の文化遺産から─』（共著）（東北大学出版会、二〇一五年）、『東北からみえる近世・近現代─さまざまな視点から豊かな歴史像へ─』（共著）（岩田書院、二〇一六年）、『近世日本の貧困と医療』（共著）（古今書院、二〇一九年）、「近世における銀主と領主」（『日本史研究』六六四号、二〇一七年）などがある。

高橋　陽一（たかはし　よういち）　編者　第3章執筆
　一九七七年徳島県生まれ。東北大学大学院文学研究科博士後期課程修了。博士（文学）。東北大学百年史編纂室教育研究支援者、岩沼市史編纂室市史編纂専門員、東北大学東北アジア研究センター上廣歴史資料学研究部門助教などを経て、現在は宮城学院女子大学一般教育部准教授。日本近世史、旅行史、歴史資料学について研究。主要論著に、『近世旅行史の研究─信仰・観光の旅と旅先地域・温泉―』（清文堂出版、二〇一六年）、『旅と交流にみる近世社会』（編著）（清文堂出版、二〇一七年）、「歴史資料保全活動と地域行政―宮城県岩沼市の震災対応を事例に―」（『歴史学研究』八九〇号、二〇一二年）、「一八世紀の検見制度改革と藩領社会―仙台藩を事例に―」（『歴史』一二二号、二〇一四年）などがある。

櫻井　和人（さくらい　かずと）　第1章執筆

一九七四年宮城県生まれ。東北学院大学大学院文学研究科修士課程修了。大学院修了後から現在に至るまで白石市役所に勤務し、文化財関連では白石市教育委員会生涯学習課、博物館建設準備室、白石市図書館奉仕整理係長などを歴任。近年は、職務とともに白石市域における郷土史料の保全活動に取り組む。主要論著に、『伊達氏重臣遠藤家文書・中島家文書～戦国編～』（共著）（白石市歴史文化を活用した地域活性化実行委員会、二〇一一年）、『白石市の文化財レスキュー』（共著）（白石市歴史文化を活用した地域活性化実行委員会、二〇一四年）、「古文書の大発見が生んだ力」（『日本歴史』七七九号、二〇一三年）、「地域と古文書　白石古文書の会（宮城）」（『古文書研究』七五号、二〇一三年）などがある。

泉田　邦彦（いずみた　くにひこ）　第2章執筆

一九八九年福島県生まれ。東北大学大学院文学研究科博士後期課程在籍。日本学術振興会特別研

究員（DC2）、岩沼市史編纂室市史編纂専門員を経て、現在は石巻市教育委員会複合文化施設開設準備室主事（学芸員）。日本中世史（特に北関東・南奥の領主権力）について研究を進めるとともに、茨城・福島・宮城県の被災資料保全活動に参加。主要論著に、「一五世紀における岩城氏の内訌と惣領」（『歴史』一二八号、二〇一七年）、「佐竹氏と江戸氏・小野崎氏」（高橋修編『佐竹一族の中世』高志書院、二〇一七年）、「佐竹天文の乱と常陸国衆」（『地方史研究』三九八号、二〇一九年）などがある。

上山　眞知子（かみやま　まちこ）　第4章執筆

一九五三年宮城県生まれ。東北大学大学院教育学研究科博士課程後期三年の課程単位取得。公認心理師。宮城厚生協会坂総合病院常勤臨床心理士、山形大学地域教育文化学部教授を経て、現在は東北大学災害科学国際研究所客員教授（社会対応研究部門歴史資料保存研究分野）。専門は、臨床心理学、発達心理学、神経心理学。災害に関する主要論著に、「避難所での子どもの遊び場づくりの一カ月―その意味を考える―」（『発達』一二八号、ミネルヴァ書房、二〇一一年）、「被災地の子どもたちへの心理社会的支援―遊び場作りを通しての考察」（『精神医療』六五号、二〇一二年）、「教師支援を通して見えてきた被災地の今」（『発達』一三三号、ミネルヴァ書房、二〇一三年）、「東日本大震災後の心理社会的支援―被災地の心理学者として学んだこと―」（村本邦子・中村正・荒木穂積編著『臨地の対人援助学』第六章、五九～六九頁、晃洋書房、二〇一五年）などがある。

東北アジア学術読本

1 『シベリアとアフリカの遊牧民－極北と砂漠で家畜とともに暮らす－』
（高倉浩樹、曽我亨）、二〇一一年

2 『東北アジア　大地のつながり』
（石渡明、磯﨑行雄）、二〇一一年

3 『途絶する交通、孤立する地域』
（奥村誠、藤原潤子、植田今日子、神谷大介）、二〇一三年

4 『食と儀礼をめぐる地球の旅－先住民文化からみたシベリアとアメリカ－』
（高倉浩樹、山口未花子）二〇一四年

5 『世界遺産を学ぶ－日本の文化遺産から－』
（入間田宣夫、仲野義文、荒武賢一朗）二〇一五年

6 『地中レーダーを応用した遺跡探査－ＧＰＲの原理と利用－』
（佐藤源之、金田明大、高橋一徳）二〇一六年

7 『東北アジアの自然と文化』
（東北大学東北アジア研究センター編）二〇一八年

古文書がつなぐ人と地域
──これからの歴史資料保全活動──

Komonjo ga tsunagu hito to chiiki :
Korekara no rekishishiryohozenkatsudou
[People and areas connected by ancient documents :
Future of history data preservation activities]
(東北アジア学術読本 8)

2019 年 9 月 26 日 初版第 1 刷発行
2019 年 12 月 16 日 初版第 2 刷発行

編　者 荒武 賢一朗 高橋 陽一
発行者 久道 茂
発行所 東北大学出版会
〒 980-8577 仙台市青葉区片平 2-1-1
TEL：022-214-2777 FAX：022-214-2778
https://www.tups.jp E-mail：info@tups.jp
印　刷 社会福祉法人 共生福祉会
萩の郷福祉工場
〒 982-0804 仙台市太白区鈎取御堂平 38
TEL：022-244-0117 FAX：022-244-7104

ISBN978-4-86163-333-1 C3321
定価はカバーに表示してあります。
乱丁、落丁はおとりかえします。

東北アジア学術読本について

シベリア・モンゴル・中国・朝鮮半島そして日本を総合的に捉える地域概念である「東北アジア」は、歴史的にもまた現在的にも我が国の重要な近接空間である。本シリーズは、この地域の自然・歴史・文化・社会に関わる基盤的知見や、人文社会科学・理学工学の多面的な視点から切り開いてきたアクチュアルな諸問題にかかわる研究成果を、専門家はもとより、より多くの方々に広く知ってもらうことを目的に創刊された新たな試みである。